9Marks 健康教會九標誌

WHAT IS A **Healthy** CHURCH MEMBER?

健康的教會成員

Hu le ollowe
Prayer Warrior

sc

K cip
owing Discip
umble Follow

positional Liste
Biblical Theologian
Gospel Satur

spe tur
uis y Conve
iblical Evange
ommitted Membe
eeks Disciplin

安泰博 (Thabiti M. Anyabwile) 著

上海恩典合一教會 譯

What Is a Healthy Church Member?

Copyright © 2008 by Thabiti M. Anyabwile

Published by Crossway Books

a published ministry of Good News Publishers

1300 Crescent Street

Wheaton, Illinois 60187

健康的教會成員

作者：安泰博 （Thabiti M. Anyabwile）

翻譯：上海恩典合一教會

編輯：趙　潔

特約編輯：伊　淇

ISBN：978-1-958708-02-6

電子書 ISBN：978-1-958708-03-3

除非特別說明，所有聖經引文均來自新標點和合本聖經。

獻給耶穌基督，教會的元首，
獻給祂的身體和身體上各司其職的每個肢體。

獻給曾經塑造我的每一個地方教會：
大開曼群島第一浸信會，
國會山浸信會，
磐石教會。

獻給我家中的教會成員：
克莉斯蒂、亞菲、伊頓和提多。

目　錄

叢書前言

九標誌系列叢書的寫作基於兩個基本前提。首先，地方教會對基督徒生活來說比今天很多基督徒所設想的還要重要得多。作為九標誌的同工，我們相信健康的基督徒一定也是健康的教會成員。

其次，當地方教會以神的話語為中心建構時，他們一定也會在基督徒生活和生命素質上成長。神對我們說話時，教會就應該聆聽和跟隨。很簡單，不是嗎？當教會聆聽和跟隨時，教會就越來越像她所聆聽和跟隨的那位主。教會會反映神的愛和神的聖潔，反映神的榮耀。當教會聆聽這位救主時，教會就會越來越像這位救主。

根據以上這兩點，讀者們會注意到這「九個標誌」全都來自狄馬可的《健康教會九標誌》（美國麥種傳道會，2009）一書。而這九個標誌又都來自聖經：

- 解經式講道
- 福音的教義
- 基於聖經理解悔改歸信和傳福音

- 合乎聖經的教會成員制
- 合乎聖經的教會紀律
- 基於聖經關注門訓和成長
- 合乎聖經的教會帶領
- 基於聖經理解和實踐禱告
- 基於聖經理解和實踐宣教

當然，教會要健康還有很多要做的事情——比如說禱告，但是這九個標誌是我們相信被很多教會所忽視的。所以我們對眾教會的呼籲是：不要僅僅關注最佳實踐、最新潮的教會成長方法，而是轉向神和祂的話語。從聆聽神的話語開始。

根據這些主張，我們開始製作編輯九標誌系列叢書。這些小書將更進一步地展開這九個標誌，並從多個角度展現這些標誌的意義。有些是寫給牧師的，有些是寫給基督徒的。我們希望這套小書能夠認真地將聖經解釋、神學思考、文化回應、團體應用，甚至個人勸勉結合在一起。好的屬靈書籍應該同時具備神學性和實用性。

我們也為此禱告，求神使用這本書和其他小冊子幫助預備基督的新婦——教會，使她在主來的時候能夠預備好、容光煥發。

序

「親愛的弟兄姐妹們」，在主日崇拜時，安泰博牧師總是這樣問候我們一起牧養的會眾。他是說真的，他真愛這些會眾，會眾也愛他。有一些老成員至今都不知道他的名字該怎麼發音（英文名Thabiti），但是他們知道當安牧師稱呼他們「親愛的弟兄姐妹們」時，是真的愛他們。

「早上好，親愛的弟兄姐妹們。」我耳邊似乎又傳來他的聲音。

這也是使徒約翰在給一些早期教會的書信中常用的問候語。靠著神的保守，約翰的書信和整部新約告訴我們，一起作基督徒意味著什麼，作教會的一個成員意味著什麼，這也是本書想要告訴你的。

安泰博知道，基督徒的生活不該是單打獨鬥的。做基督徒是關乎個人的事情，但不是一個人單獨做的事情。當你重生的時候，你重生進入到一個家庭裏，那個家庭既是全世界所有基督徒組成的普世教會，也是你所在的地方教會。

同為一個教會的成員很多年，我很高興認識安泰博和他的太太克莉斯蒂（Kristie）。第一次在主日遇見安泰博時，他的風趣（在智庫工作）、傑出（一看就知道）和深思熟慮（從其

言談中可以看出）都給我留下了深刻的印象，但他不只擁有超棒的頭腦。這位弟兄也有著基督的心腸，他很快就投入到教會的生活中，幾週後就開始幫助牧養會眾了。雖然幾年後他才被正式按立為長老，但他早就在做長老的工作了。

這一切都説明安泰博明白「羊要在羊圈裏」。他既是羊圈中出色的一員，也是一個傑出的牧羊人。

我已經説了不少了，這本書不厚，我現在邀請你進入這本書並從中受益。在開始閱讀之前，先好好禱告，求神藉著安泰博在你的生命中做工，就像神已經藉著他在很多人生命中做工一樣。求神通過這本書幫你以一種新的方式來理解地方教會的意義，並幫你愛你的地方教會；當你理解和愛你的地方教會時，求神使你更明白和彰顯神的愛。

親愛的弟兄姊妹，願神使你的閱讀充滿喜樂，並蒙祝福。

狄馬可

華盛頓哥倫比亞特區

2007年9月

引 言

在成員身分面談的時候，我沒有想到珍妮（Jenny）會哭起來。面談的前20分鐘進行得很順利，她分享了自己如何在基督徒家庭中長大，高中生活如何充滿了懼怕，以及如何在大學裏揮霍青春。然後她愉快地回想起，如何在家鄉的地方教會悔改歸主。

所以當我問她「那個教會對你的屬靈生命有何幫助？你有沒有在教會裏成長」，我沒有想到她會哭起來。

停頓片刻後，她解釋說：「悔改歸主後，我期待會有人幫助我成長。」帶著明顯的困惑和憤怒，她繼續說：「但是似乎人們把我忘了，好像我可以自己學會如何過基督徒生活，那段時間既可怕又孤獨。」

你遇見過多少像珍妮一樣的基督徒？可能你就是一個珍妮。可能你在一個或幾個地方教會待了很長時間，可能你的基督徒生活和珍妮的差不多。你剛信主的時候神采奕奕、精神飽滿，希望為主做大事，但是很快你發現自己在想：「作為這個地方教會的一員，我該做什麼？」

如果你的狀況就是如此，那這本書正是為你寫的；即便你不是這樣，這本書也是為你寫的。

無論你是昨天才信主，還是已經信主三十年了，神對你的心意都是要你在地方教會，也就是在基督的身體裏扮演重要且活躍的角色。神盼望你感受到地方教會就像你的家，比其他任何地方都要美好和有意義。神也盼望祂的教會和祂教會裏的成員都是健康的。

希望透過這本小書，你可以發現或重新發現，成為地方教會的一個健康成員意味著什麼，明白如何為教會的整體健康做出貢獻。

2007年的時候，十字架之路出版社（Crossway Books）出版了狄馬可的《何謂健康教會》（*What is a Healthy Church*）一書。這本書基於聖經和歷史定義了什麼是健康的教會，自從首次出版以來，連同他之前的《健康教會九標誌》，在多年裏幫助很多牧師和教會領袖塑造了健康的教會觀。

我寫的這本書模仿了《何謂健康教會》，但我回答的是略有不同的問題：「根據聖經，健康的教會成員是怎樣的？」《健康教會九標誌》的讀者是進行教會改革的牧師，而我這本書的讀者是牧師帶領的平信徒。本書要鼓勵他們發揮自己的作用，幫助教會更多地彰顯神的榮耀。

作為地方教會的一個成員，你如何為教會的健康做出貢獻呢？

一個禮拜日早上的教會服侍結束後，布恩（Burns）太太來找我，她對教會正在進行的一些改變不太滿意，也對一些沒有改變的方面頗有意見。她來找我的時候，我在和一些正要離

開的弟兄姊妹道別，所以我一邊聽她的抱怨，一邊禮貌地點頭回應。

布恩太太講完之後，我本來想問她：「那您覺得對此我應該做什麼呢？」但我突然靈機一動，想到了更好的問題，我問她：「那您覺得，對此您自己應該做些什麼呢？您覺得您該怎樣成為一個更好的教會成員，並幫助神的家變得更健康呢？」

這些問題不光是問像布恩太太一樣抱怨的人，也是問每一個基督徒的。地方教會的健康取決於她的成員是否願意省察自己的內心、歸正自己的想法並參與事工。

後面的章節會告訴你如何成為地方教會的一個健康成員。我假設你已經是一個地方教會的成員了，你需要的只是被輕輕地推一把或者一個機會，來徹底想清楚幾個關鍵問題。[①]

第一章鼓勵基督徒成為「解經式聽道者」。在傳講和學習神話語的時候，健康的教會成員以特別的方式聽神的話語。他們總是尋求聽到經文真正的含義，然後將其應用在自己的生活中，以此來讓神掌管自己的生命。

第二章鼓勵教會成員學習聖經中的核心主題。換句話說，就是鼓勵教會成員成為「聖經神學家」，努力地保守自己

---

① 如果你是一個基督徒，但還不是一個教會的成員，那我想邀請你閱讀一本很精彩的書，幫你徹底想清楚為什麼你應該成為一名教會成員。這本書由約書亞・哈裏斯 （Joshua Harris） 所著，名為*Stop Dating the Church* (Sisters, OR: Multnomah, 2004)。

和教會遠離錯誤和不健康的教導。

第三章邀請教會成員被耶穌基督的福音充滿。這是拯救我們的福音（羅1:16），也是激勵我們持續過基督徒生活的福音。

如果你是一個解經式聽道者，掌握聖經的核心敘事和主題，也過著被福音充滿的生活，那你一定渴望並努力成為一名合乎聖經的福音佈道者。第四章和第五章告訴我們該如何基於聖經來理解悔改歸主和福音佈道。

第六章呼籲基督徒認真、積極地委身於地方教會，成為教會的成員。第七章提到為何教會成員制很重要：地方教會是基督徒接受主的塑造和雕琢的地方。

第八章基於聖經分析我們的屬靈成長，第九章告訴我們該如何有效地支持地方教會的帶領者。

第十章呼籲你重視禱告，將其視為你成為和作為一名健康教會成員的關鍵。這一章基於聖經對禱告作了簡短的探討，為健康教會成員的禱告生活提供了一些建議。

同時每一章都推薦了一些延伸閱讀材料。成為健康的教會成員不僅需要我提出的這些因素，其他事情也很重要，但我希望這本書能夠激發我們，為著基督的榮耀和祂新婦的榮美去愛和行善。

至高的主，我們懇求祢祝福祢自己的百姓，使他們能夠活出謙卑、合一、喜樂、和平與彼此看顧的生命。我們祈求祢不斷地使祢的百姓在靈性上更加健康和多結果實，不僅使我們個

人更健康、多結果實，也使我們同為一個身體、一個新人，共同努力長成基督豐滿的身量。為祢自己名的緣故，求祢祝福每個讀者，幫助他們閱讀、聆聽和學習祢的話語。主啊，願祢使用這本小書來擴展祢的國度、妝扮祢的新婦。天父，我們帶著全然的信心如此祈求，知道在祢沒有難成的事。奉耶穌基督的名，阿們！

標誌一

健康的教會成員是解經式聽道者

什麼是解經式聽道？我們在回答這個問題之前，首先要對「解經式講道」下定義。一個健康教會的首要標誌就是解經式講道：「解經式講道不僅僅是對經文進行字面的評論。解經式講道是把一段經文的要點當作講道重點的講道法。」[①] 教會要變得健康，牧師和教導者就必須深入挖掘經文的意思，並且讓這個意思來推動教會的各項安排。

對地方教會的每個成員來說，這裏有一個重要的推論。正如牧者的講道應該由經文的意思來決定，基督徒的聽道也應該由經文的意思來驅動。當我們聽道時，雖然經文也教導我們如何處理日常事務，但我們不應該主要聽一些「實用指南」，也不應該主要聽那些增強自尊心的信息，或是喚起我們投身政治和社會事業的信息。作為基督教會的成員，我們應該主要聽神在祂的話語裏啟示的聲音和信息。我們應該聆聽神以祂全知的

---

① 《健康教會九標誌》（*Nine Marks of a Healthy Church*），狄馬可（Mark Dever）著，美國麥種傳道會出版。參見第一章。

愛、為著祂的榮耀、為了我們蒙福而寫下的道。

那麼，我所說的「解經式聽道」究竟為何意？解經式聽道是指聽取一段聖經經文的意思，並讓這個意思帶領我們基督徒個人和團體的生活。

一、解經式聽道有什麼益處？

解經式聽道對我們大有裨益。首先，它能培養我們對神話語的渴慕。如果我們調整自己的耳朵，去聽那些以聖經經文要點為要點的講道，我們就能習慣聆聽神。我們能更明白神國的話語，並熟悉其中的主旨。祂的話語和聲音對我們來說會變得甘甜（詩119:103-104），我們才會更有能力將那些抵擋神的聲音、企圖控制我們生活的聲音甩到身後，所以解經式聽道給了我們敏銳的雙耳來聆聽神的聲音。

解經式聽道的第二個益處，就是幫助我們專注於神的旨意並使我們跟隨祂。我們自己的安排變得次要，傳道人的安排也變得次要，神為其子民制定的安排才是首要的。這安排重新排列了我們的優先次序，引導我們走向最能榮耀神的道路。主自己宣告：「我的羊聽我的聲音，我也認識他們，他們也跟著我。」（約10:27）聽從聖經中主耶穌的聲音，是跟隨祂的關鍵。

第三，解經式聽道可以保護福音的純正，使我們遠離敗壞。聖經告訴我們：「因為時候要到，人必厭煩純正的道

理，耳朵發癢，就隨從自己的情慾，增添好些師傅，並且掩耳不聽真道，偏向荒渺的言語。」（提後4:3-4）不懂解經式聽道的後果是災難性的，假師傅會進入教會抵擋福音，最終真理會被荒渺的言語取代。而教會會眾如果培養了解經式聽道這一習慣，就能保守自己的耳朵不至「發癢」，又能保守福音的純正。

第四個好處在於，解經式聽道能激勵忠心的牧者。「那善於管理教會的長老，當以為配受加倍的敬奉。」（提前5:17）對忠心的牧者來說，沒有什麼比會眾對神的話語漠不關心更令人沮喪和蒙羞了。相反，講道若能被會眾接受，忠心的牧者會因此而蓬勃發展。當人們聽主的聲音，並顯出被主的話語塑造時，牧者便會更加地放膽傳道。作為教會的成員，我們能夠通過培養解經式聽道的習慣來服侍我們的牧者和教導者，除去他們不必要的失望和疲乏。

第五，解經式聽道有益於會眾合一。新約聖經作者多次勸誡教會要合一，要同心合意。保羅對一個地方教會寫道：「弟兄們，我藉我們主耶穌基督的名，勸你們都說一樣的話。你們中間也不可分黨，只要一心一意，彼此相合。」（林前1:10；也可參見羅12:16；林後13:11；彼前3:8）當我們聚集在地方教會，藉著道的傳講傾聽神的話語時，我們被塑造成為一體，在所思所想上合而為一。這樣的合一也見證了耶穌基督福音的真理（約17:21）。但如果我們憑著自己的興趣和安排去聽道，發展「私意解經」和另類的見解，便是在冒險破壞合一，在不

確定的事情上挑起紛爭，並削弱我們共同的福音見證。

二、教會會眾如何培養解經式聽道的習慣？

　　既然解經式聽道對教會個體成員和整個教會的健康都如此重要，那麼個人如何培養這個習慣呢？至少有六條建議能幫助我們更專心地聆聽神的話語。

1. 在靈修時間裏默想證道信息

　　在主日證道的前幾天，詢問牧師打算在主日講哪段經文。鼓勵他，讓他知道你會為他準備證道而禱告，也會預備自己的心來聽道。在你每天的靈修中，對這段經文進行概括，並以此指導你的禱告。學習概述要點是挖掘經文意思的一個好方法，你的概要可以作為你聽道的輔助，然後與牧師的概要作比較，看是否有新的見解在自己的靈修中被遺漏了。

2. 購置一套好的解經書

　　在你的靈修中，接受基督教歷史中偉大聖徒的幫助。購置一套解經書，和加爾文（John Calvin）或鐘馬田（Martyn Lloyd-Jones）一起研讀聖經。如果你的牧師在講《約翰福音》，可以選擇卡森（D. A. Carson）或詹姆斯·布易士（James Montgomery Boice）關於《約翰福音》的注釋書。

讓這些學者和牧者幫助你以更明辨的耳朵傾聽神的話，並挖掘其中豐富的內涵。*The Bible Speaks Today*解經系列叢書（Intervarsity出版），對於想收集優秀解經書的人來說是極好的開始。同樣，你可能需要一個對新舊約注釋書的評價，幫你在各種解經書中找到好的書籍。在這方面朗曼（Tremper Longman）的《舊約注釋書綜覽》（*Old Testament Commentary Survey*）和卡森的《新約注釋綜覽》（*New Testament Commentary Survey*）是很好的資源。

3. 主日聚會結束後與朋友一起探討證道內容，並以此作為禱告內容

講道結束後，不要立馬走人或去談論最近的新聞，應該培養聚會後與他人一起討論證道內容的習慣。你可以用這些問題開始屬靈的交通：「今天所講的經文如何挑戰你或如何對你說話？」或「神最令你驚訝或最鼓舞你的屬性是什麼？」分享你在聽道中學習的神的屬性和神的話語，以此來鼓勵他人。同時也要特別留意，聖經本身的意思是怎麼改變你的想法的。此外也要與他人一起禱告，求神保守會眾不要「耳朵發沉」，求神恩待會眾，讓會眾日益渴慕祂話語的「乾糧」（賽6:9-10；來5:11-14）。

4. 在週間聽道和行道

我們可以在一週裏聽道並且行道，以此來培養解經式

15

聽道的習慣。不要將主日證道變成一次性的,聽了就忘(雅
1:22-25)。在經文中選擇一兩處加以實際應用,以禱告的心
在接下來的一週裏付諸實踐。如果教會有講道錄音,或網站
上有近期講道的綱要,就可以輕觸滑鼠,利用這些機會來餵
養你的靈魂。在牧師的幫助下,建立小組對講道內容進行溫
習和運用。或者把證道內容和你的筆記用在一對一的門徒訓
練中。我知道有幾家人會定期地溫習主日證道的內容,作為
他們禮拜天晚上的家庭敬拜。通過回顧神的話語,一週內可
以有上百種方法讓聽過的道在你的靈命中保持鮮活。不妨來
點創意吧!做這樣的計劃安排是值得的。

5. 讀經時養成就著經文提問題的習慣

　　愛德華茲(Jonathan Edwards)曾下定決心,不把在研讀
聖經時困擾自己或突然想到的問題解決,就絕不入睡。[2]如果
每一個會眾都以這種努力和決心來研讀聖經,教會將變得多麼
健康啊!剛開始時,你可以找教會牧師、長老或教會裏的其他
教導者對經文進行答疑。另外,在自學的時候不要消極,你可
以自己查經文尋找答案,也可以和你守望的同伴討論,或者放
到小組中一起探討。但要記得,牧師通常比多數人花了更多的

---

② 大約19歲的時候,愛德華滋寫下了如下決心:「我下定決心,遇到任
何不明白的神學要義,只要沒有特殊情況,就要立即盡己所能弄清楚。」
(*The works of Jonathan Edwards*, Vol. 1. Peabody, MA: Hendrickson, lxii.)

時間來思考這些經文，並在講臺上用神的話語來餵養你。所以，證道後繼續跟進提問並發表評論，會是對你牧師的鼓勵，也是對你自己靈魂的祝福。

6. 培養謙卑

　　當你鑽研神的話語、聆聽祂的聲音時，你肯定會開始成長，並會發現許多奇妙的瑰寶。但是在成長的過程中，不要變成一個「職業聽道者」，一個一直在聽、卻不領受的人。要知道假知識讓人「自高自大」（林前1:8；西2:18），容易導致競爭和紛爭。要抑制所有的驕傲，不去指責和挑剔他人。應該在每次讀經時尋求遇見主耶穌，從神的道中收集燃燒整個敬拜生命的原料。不是要抬高自己，而是要記住使徒彼得的話：「所以你們要自卑，服在神大能的手下，到了時候，他必叫你們升高」（彼前5:6）。

結語

　　「可見信道是從聽道來的，聽道是從基督的話來的。」（羅10:17）當教會成員把聆聽真道作為日常操練時，他們就是健康的。解經式聽道會促進個人和全教會的健康。

深入思考

1. 對於個人的靈修，你如何評價自己明白神話語的能力？聽道時你的領受能力又如何？

2. 為了提高自己的聽道能力，你有什麼計劃？

標誌二

健康的教會成員是聖經神學家

「對神無知，對神的道路及如何與神相交無知，是今天教會軟弱的主要原因。」這是巴刻（J. I. Packer）的經典作品《認識神》1973年版前言開篇的話。巴刻把這種對神的無知和教會的軟弱歸咎於一個趨勢，就是「基督教的思想已經與現代精神趨近一致。這種精神繁衍出人類的偉大思想，卻將神的思想趕入一隅」。[1]

可悲的是，巴刻的觀察在三十多年後依然準確。這種對神的道路和如何與神相交的無知正在泛濫，例子舉不勝舉。很多基督徒仍然輕看神的心意，注重人的想法。這種形勢表明，有太多的基督徒忽略了他們首要的呼召，即認識他們所信的神。每個基督徒都應該成為一個名副其實的神學家。教會要變得健康，教會成員就必須盡心竭力地成為聖經神學家，這就是健康的教會成員的第二個標誌。

---

[1]《認識神》(*Knowing God*)，巴刻（James I. Packer）著，中國基督教兩會出版。本段引自 20 週年英文紀念版。

一、對於教會成員來說，什麼是聖經神學？

踐行聖經神學就是認識神自己。我在此使用「聖經神學」一詞時考慮到兩個意思。首先，我們必須時刻謹記，聖經是神的自我啟示，是發展出有關神的偉大思想的原始資料。對認識神有興趣的基督徒，想知道神在聖經中是如何啟示祂自己的。這樣的基督徒不會一上來就説「我覺得神是……」。他清楚地知道，不能把各種思想拼湊在一起，一點新紀元思潮、一點印度教再混進一點基督教思想，為自己量身定制一個「神」。不，對認識神持有嚴肅態度的教會成員，會持守聖經對神的描述，因為神是通過聖經告訴我們，祂是怎樣的一位神。

踐行聖經神學，就是要瞭解神救贖的宏觀故事。其次，聖經神學家會孜孜追求啟示的歷史、聖經的宏大主題和教義，以及這些主題和教義如何互相配合。換個説法，健康的教會成員會竭力地理解整本聖經的統一性和漸進性，而不是只專注於孤立的或個人偏愛的某些段落。他們讀聖經的時候，深深明白自己正在閱讀一個神為了自己的榮耀而救贖其百姓的偉大故事。在這個故事中，他們認識到神是一位創造的神、聖潔的神、信實的神、慈愛的神，也是一位擁有至高無上主權的神。祂向自己的子民給予應許，並信守祂的應許，從亞當和夏娃開始，一直延續到萬物最終的完滿。[2]

---

[2]《健康教會九標誌》（*Nine Marks of a Healthy Church*），狄馬可（Mark Dever）著，美國麥種傳道會出版。參見第二章。

二、聖經神學如何促進教會成員的健康？

在古德恩（Wayne Gruden）廣受歡迎的作品《系統神學》中，他概括出系統性地研讀聖經的眾多益處。聖經神學也會帶來這些益處，在此值得總結一下古德恩提出的益處。[3]

首先，踐行聖經神學幫助我們增加對神的尊崇。當我們遇見聖經中這位與百姓立約、並信守盟約應許的神，我們從中看到了神的至大威嚴。從神對女人發出應許，即她的那位後裔要傷蛇的頭（創3:15），到讓本已不能生育的懷孕，好使那位後裔得以存留（創17:15-19，21:1-2，29:31，30:22；賽7:14），最後到那一位後裔真正地誕生（太1:20-23），神使萬事互相效力為要使人得益處，變得越來越清晰了。神是今在永在的，祂是那位創造、聖潔、信實、慈愛和擁有至高主權的神，當我們認識到這些時，我們對神的信心和敬畏就會被激發出來。如果我們願意真正地認識和尊崇我們的神，就會把自己完全獻上，成為明白聖經敘述內容和主題的聖經神學家。

其次，踐行聖經神學可以幫助我們克服錯誤的觀念。我們所有人都在聖經中遇到各種挑戰我們、讓我們困惑不解或者激怒我們的教導。很多時候，因著心裏的剛硬和罪，我們拒絕接受這些教導。我們可以回避不看那些令自己感到不快、與我們

---

[3]《系統神學》（*Systematic Theology*），古德恩 (Wayne Gruden)著，更新傳道會出版。本章參見英文版 26-30頁。

對峙的經節,但當我們專注地去瞭解聖經宏大的啟示,以及聖經對特定主題極有分量的教導時,就容易承認自己的看法是錯誤的。聖經神學幫助我們看到,神如何把同樣的信息「多次多方地曉諭」祂的子民(來1:1)。這信息就是,有一天「萬膝必向我跪拜,萬口必向我承認」(賽45:22-24;羅14:10-12;腓2:9-11)。當我們以禱告的心研究聖經神學時,必將喜樂地順服神,並拋棄我們對祂的錯誤想法。

第三,踐行聖經神學幫助教會避免陷入教義爭論。教會歷史充滿了教會內部和教會之間的爭論。如果教會對聖經神學、系統神學和歷史神學有正確的認識,就能更好地抵擋並有效地解決這些紛爭。這是千真萬確的,因為聖經對某一事情的觀點,總是與聖經中的其他觀點相聯繫。聖經神學使聖經教導具有連續性和一致性。研究聖經神學就像做拼圖遊戲,當一片不熟悉的拼圖塊出現時,我們可以通過對照這片圖塊與完整畫面的相關性,來確定這個拼圖塊的正確位置。有越多已經擺放正確的拼圖塊,我們就越容易把新的拼圖塊放在正確的位置上,我們犯錯的機率也會降低。充分掌握聖經神學,就像擁有已經拼好的完整畫面,使我們接受或拒絕錯誤的神學「拼圖塊」。正如經文所說:「遭遇這些事都要作為鑑戒,並且寫在經上,正是警戒我們這末世的人。」(林前10:11)而且聖經知識會使教會遠離老婦荒渺的話和無休止的辯論。

第四,踐行聖經神學對於完成大使命而言是必需的。耶穌命令我們教導所有的門徒遵守祂一切的誡命(太28:19-20)。

如果沒有一套良好的神學，不能在歷史發展和歷史背景中正確地理解神的誡命，我們就很難遵行神的誡命去教導別人順服神。我們應該教導什麼？我們應該遵行什麼？我們如何知道自己該在生活中應用什麼？當基督徒瞭解聖經神學，並認識他們的神時，這些問題就能得到更好的解答。

　　然而，聖經神學最有吸引力的地方是它能加深我們對福音的理解，使我們更熟悉福音。耶穌和使徒們不需要用新約聖經來傳揚福音，他們靠著舊約聖經，並且明白舊約經文是指向耶穌的（路24:27，44-45）。聖經神學家掌握聖經的整體性，看見基督和福音貫穿於整本聖經，以此來追隨耶穌和眾使徒的腳蹤。

三、如何通過成為聖經神學家而成為健康的教會成員

　　基督徒如何能成為一個健康的教會成員，熟悉聖經神學的主題？以下一些方法或許有幫助。

1. 閱讀一本好的聖經神學書

　　要成為聖經神學家，一個顯而易見的辦法就是閱讀一本好的聖經神學書。多年以來，一些作品已經被證明對人有幫助，讀者不妨試試《聖經神學新詞典》（*New Dictionary of Biblical Theology*），這是一部好的參考書。[4] 還可以考慮用以下書籍

---

[4] *New Dictionary of Biblical Theology: Exploring the Unity & Diversity of Scripture*, 由 InterVarsity 於 2000 年出版，目前只有英文版，中文書名為暫譯名。

幫助自己入門：

- 沃恩・羅伯茨（Vaughn Roberts）著《上帝的藍圖》（*God's Big Picture: Tracing the Storyline of the Bible*；臺北：改革宗出版社，2013年版）；
- 馬克・斯特羅姆（Mark Strom）著《聖經交響曲：理解聖經中的眾多主題》（*The Symphony of Scripture: Making Sense of the Bible's Many Themes*）；
- 彼得・詹森（Peter Jensen）著《宇宙的中心：基督徒的信仰所在》（*At the Heart of the Universe: What Christians Believe*）；
- 高偉勳（Graeme Goldsworthy）著《認識聖經神學》（*According to Plan: The Unfolding Revelation of God in the Bible*；新北：校園書房出版社，2004年版）；
- 高偉勳（Graeme Goldsworthy）著《高偉勳三部曲之：天國與福音》（*The Goldsworthy Trilogy: Gospel and Kingdom*；香港：基道書樓，1990年版）、《高偉勳三部曲之：福音與智慧》（*The Goldsworthy Trilogy: Gospel and Wisdom*）、《高偉勳三部曲之：啟示錄中的福音》（*The Goldsworthy Trilogy: The Gospel in Revelation*）。

　　由卡森編輯的《聖經神學新研究》系列叢書，[5]是傑出的聖經神學研究系列。這些著作提供了理論紮實、可讀性強的概覽，幫助讀者瞭解聖經的統一性和多樣性。對於那些程度更高的讀者，荷蘭出生的普林斯頓神學家霍志恒（Geerhardus Vos）的《聖經神學：舊約和新約》（*Biblical Theology: Old and New Testaments*）[6]仍然是經典。你可以在靈修或自由閱讀的時間裏讀這些書，也可以向你的小組組長推薦，和小組成員一起閱讀一本或幾本這樣的書。

2. 按著主題查考聖經

　　在你個人靈修的時間中，留出一部分時間進行主題式的聖經學習。聖經學習的「主食」，應當是在救贖歷史的背景下，對一整卷書進行逐節經文的研讀。此外，加上對貫穿整本聖經的主題進行研究。花一些時間思考關於神的性情的啟示，神與其子民所立盟約的統一性和多樣性，耶穌作為先知、祭司和君王的職分，以及舊約和新約中的神的國。貫穿整本聖經來查考這些主題，並且記下在不同的救贖歷史時期，這些主題的延續性和非延續性。當你進行這樣的研究時，神的卓越和祂救贖的榮耀會更細緻和更精彩地呈現在你的眼前。

---

⑤ *The New Studies in Biblical Theology*, 英文由 InterVarsity 出版。

⑥ 舊約部分由天道書樓出版，書名為《聖經神學：舊約》。

3. 用新約的態度看待舊約

如前所述，聖經講述了神對祂的選民施行救贖的故事。研讀新約時，訓練自己把在新約中學到的內容與舊約聯繫起來。問自己這些問題：

- 這段經文如何應驗了舊約中的某個應許？
- 新約中的這個概念和舊約的教導有何不同或相似的地方？
- 新約的這段經文如何澄清、揭示或者詳述舊約中的某些概念？

問這些問題有助於突出聖經及其信息的統一性和多樣性。《希伯來書》是最適合帶著這些問題去研讀的一卷書。研讀《希伯來書》，你會為耶穌基督至高無上的地位在舊約中的展現而發出讚歎。

4. 透過耶穌和新約來研讀舊約

當你研讀舊約的時候，問自己：這如何與新約中的啟示聯繫在一起。例如：

- 這段經文在救贖歷史中處於哪個時間段？
- 這段經文如何指引我們看向耶穌？
- 這個關於以色列的真理如何與新約關於教會的觀念聯繫起來？

- 這段經文如何成為認識新約基督教信仰的基礎？舊約中的這個概念和教導如何在新約中延續或中斷？
- 新約中的哪些經文幫我回答了這些問題？

學習聖經神學的人應當十分精通新舊約之間的連續性。

5. 學習舊約先知書

舊約先知書可能是最容易被忽視的書卷，特別是那些不幸被稱為「小先知書」的書卷。這些先知書包含著聖經中最豐富的一些內容，關於耶穌基督的生平、侍奉和其至高無上的地位。例如，當你研讀《以賽亞書》或《撒迦利亞書》時，請謹記這些先知的預言可能會在多個層面上得到應驗。從某個方面來看，任何已發出的預言已經在先知所在的時代應驗了；這些預言也可以在耶穌基督的時代，在基督論方面得到應驗；之後也能在末世論方面得到應驗，也就是在萬物完滿的末日應驗。用這樣的方法來研讀和理解預言，可以幫助我們注重聖經的全貌，並加深我們對神的認識。

6. 以瞭解和同意來支持你所在教會的信仰告白

當我們加入一個教會時，我們應當知道這個教會所信仰的內容，我們是否同意這樣的教導。因此，應該花些時間來研究教會的信仰告白：教義是否純正？這份告白在這個地方教會是不是有特殊歷史？這份信仰告白是符合還是偏離了普遍的基督

教傳統？你是否明白這些告白？有些教會有健康的慣例做法，
要求每一個新成員都要簽署教會的信仰告白，表明他們接受並
且願意捍衛信仰告白中的這些真理。你能否憑著無愧的良心簽
署你所在教會的信仰告白？如果能的話，就要持守你所在教會
的整全教義。

7. 追求教義的合一並避免不必要的爭論

地方教會時不時會對一些教義有不同的看法。對於教會成
員而言，關鍵問題在於「你怎麼參與解決這些不同的看法」。
一句老話在此非常有用：「在基要的事上，要合一；在次要的
事上，要包容；在一切的事上，要有愛心。」要成為聖經神學
家的健康成員，會努力瞭解以下兩種教義之間的不同。一種是
基督教信仰的基要真理，另一種是非基要真理，即對信仰的整
體性和延續性而言並非核心。健康的教會成員會為福音「真道
竭力爭辯」（腓1:27；猶3），同時又會避免因福音非基要的事
爭吵和爭競。使徒保羅對提摩太的教導是十分恰當的：

> 你要使眾人回想這些事，在主面前囑咐他們不
> 可為言語爭辯，這是沒有益處的，只能敗壞聽見的
> 人。你當竭力在神面前得蒙喜悅，作無愧的工人，
> 按著正意分解真理的道。但要遠避世俗的虛談，因
> 為這等人必進到更不敬虔的地步。他們的話如同毒
> 瘡，越爛越大。（提後 2:14-17a）

一方面，我們要作擅長「按照正意分解真道」的工人，另一方面，我們要竭力避免那些沒有意義的爭論。為著雞毛蒜皮和毫無結果的事情爭執，只會「敗壞聽的人」，並且會像壞疽一樣擴散，「進到更不敬虔的地步」。讓我們為信仰的合一和教會的和睦而努力。謹記「遠離紛爭，是人的尊榮，愚妄人都愛爭鬧」（箴20:3）。

結語

據巴刻所說，認識神始於認識神的性情。你要基於神的應許把你自己獻給神，這應許就是藉著悔改和信靠神的兒子耶穌基督，神要成為你的神。因此，認識神意味著跟從耶穌，成為祂的門徒。從根本上說，認識神意味著在凡事上因著神的充足而喜樂，從而「得勝有餘」。人只有飽識聖經信息和聖經豐富的主題，才能對神有如此的認識。尤其那些專心要成為聖經神學家的教會成員，會對神有如此的認識。

深入思考

1. 你有多瞭解聖經神學？你認為自己能充分抓住聖經的核心主題和發展脈絡嗎？你是否能向一位初信者或非信徒解釋，聖經所有書卷是如何成為一個整體的？

2. 你有什麼具體計劃，增進對聖經神學的認識？

標誌三

健康的教會成員被福音充滿

今天這個世界最需要的是福音。我們說福音是世上最大的需要，是因為男女老少如果不藉著我們的救主、神的兒子耶穌基督帶來的好消息，從而認識神，就都走向滅亡。

當今教會最大的需要也是福音。福音不僅是正在滅亡的世界所需要的消息，也是建造、維繫和使教會生機勃勃所需要的信息。除了福音，教會沒有別的可傳講。也就是說，除了福音之外，沒有什麼信息是其他的人類機構無法傳講的。福音使教會有別於這個世界，福音界定了教會在世上的傳講和使命，使教會會眾得以堅固，抵擋那惡者的火箭和罪的各樣虛假引誘。對於一個充滿活力、喜樂、鍥而不捨、充滿盼望和健康的基督徒和基督教會而言，福音是絕對至關重要的。福音對於基督徒的生命必不可少，所以想成為健康的教會成員，我們就必須被福音充滿。

被福音充滿

我們如何浸透在福音裏？怎樣可以使我們的靈命更健康？

1. 認識福音

首要的任務是認識福音。這看起來再明顯不過，拿出來說會感覺很傻。但事實上，很多自稱是基督徒、並且認信的基督徒對福音的理解很膚淺，因為他們長年聽到的，都是在講道快結束時添加的簡短「福音短講」。還有一些人，他們知道基督的信息，卻發現自己對於將這好消息清楚地分享給家人和朋友感到怯懦尷尬和無力。所以有必要採取一些步驟，確保我們能清楚深入地明白福音。

排除一些經常被誤認為是福音的觀念，會對人有幫助。福音不是（1）我們還不錯，（2）神就是愛，（3）基督耶穌想與我們交朋友，以及（4）我們應該正確地生活。[1]福音也不是只要跟隨基督耶穌，我們所有的問題就都將迎刃而解，也不是神要我們變得健康、富有和聰明。可能這些想法在某種意義上是對的，但只是片面的，決不能充分地闡明福音是什麼。

耶穌基督的福音，從字面上理解就是「好消息」的意思。作為消息，它包含了對事實的陳述，以及對源於事實的真

---

[1] 《健康教會九標誌》（*Nine Marks of a Healthy Church*），狄馬可（Mark Dever）著，美國麥種傳道會出版。參見第三章。

理的陳述。作為好消息，福音給人帶來了盼望。這盼望基於神的應許，並紮根於證明這些應許的歷史事實和真相。

耶穌基督的福音或好消息，就是一切所行都是聖潔、公義的父神對罪人發怒，並要責罰人的罪。違背了神的律法的人，與神的愛隔絕，並落在神的手中，面臨永遠且痛苦的定罪。然而，神有豐富的憐憫，因祂對我們的大愛，就差遣祂永遠的兒子由童貞女馬利亞所生，作了贖價和替代者，為悖逆之人的罪而死。現在，藉著神兒子的全然順服，藉著祂心甘情願地死在十架上償還我們的罪債，所有認罪悔改並相信耶穌基督、願意跟隨祂、以祂為自己的救主和生命之主的人，都可以脫離神將來的忿怒，在神的面前得稱為義，有永生並且領受神的靈，以此預嘗與神同在天國的榮耀。

如果我們要成為健康的教會成員，那麼上面簡單陳述的信息是我們必須接受並以之為樂的。

2. 渴望聆聽福音，並且對自己講福音

我們必須培養並保護對這個信息的極度渴望。經常聆聽和探究福音的奧秘，會深化我們對這信息的理解，加深我們對救主的感情，並提高我們分享這信息的技巧。

因此我們應該積極地聆聽福音，以及講道中的福音含義。不要在牧師開始向非基督徒傳講福音信息時閉耳不聽，要重新再聽這信息。通過福音的真理、應許和彰顯在你生命中的大能，再來確定你的所信。用福音來對付你通過講道和自我省

察而意識到的罪。當你聆聽這一好消息時，要看到你的罪已經被釘在了十字架上。仔細思想，講道中是否包含與福音有關的新應許或新方面。你要如何緊緊抓住這些真理？

如果你非常積極渴慕地聆聽這福音信息，那麼當講道缺失了這信息時，你就會感到貧乏和營養不良。當你發現自己感到不滿足或渴慕時，就向自己傳講福音。這是臨到你、為你準備的信息，你要真正擁有它。在有需要的時候就向自己宣告福音，以此來聆聽神的聲音，而不是僅僅聽其他人講，或聽那些讓你懷疑、憂慮和懼怕的聲音。馬哈尼（C. J. Mahaney）在他那本傑作《以十架為中心的生命：以福音為主》（*Living the Cross Centered Life: Keeping the Gospel the Main Thing*）中，建議我們背誦福音、以福音來禱告、歌唱福音、回顧福音如何改變了我們，並且研究福音。

3. 對福音做出總結

當你思考福音的事件和應許時，要進一步對福音做出總結。約翰·派博（John Piper）提醒我們神就是福音，福音是神在愛中把祂自己給了我們的信息：

> 除非耶穌的受難和復活、稱義和得永生的應許帶領你瞻仰神並讓神自己成為你至高的喜樂，否則你還沒有接受神的福音。你已經接受了神的一些恩賜；你為神給你的獎賞而喜悅；你也驚歎神所行的

一些神蹟，但你還沒有甦醒，還沒有意識到這些恩賜、獎賞和神蹟為何會臨到人。這些恩典臨到人有一個重大原因：是為了讓你可以在基督裏永遠瞻仰神的榮耀，藉著瞻仰成為以神為樂、勝過喜悅一切的那種人，並且因著以神為樂，用與日俱增的光明和永遠的福祉，彰顯出祂至上的榮美與價值。[2]

4. 圍繞著福音安排你的生活

作為教會成員，我們的目標是詳盡且深入地認識福音，好讓福音使我們生活的方方面面都生機勃勃。我們想讓福音成為我們與他人溝通的中心，成為我們鼓勵人和幫助人改正的中心，成為我們個人事業和關係決斷的中心，成為教會共同做決定的中心，成為我們所有生活習慣的中心。我們想讓福音和賜福音的神在我們生活的每個領域裏居首位。被福音充滿的教會成員應該考慮用許多方法，圍繞著耶穌基督的好消息來安排生活：

- 有意地常去同一家商店（乾洗店、餐廳等等），為了與店裏的人建立關係、彼此熟悉，期待能進行福音方面的交談；

---

[2] John Piper, *God Is the Gospel: Meditations on God's Love as the Gift of Himself* (Wheaton, IL: Crossway, 2005)。中文版參考《神就是福音》，由雅歌出版社出版。

- 利用假期進行短期宣教旅行；
- 志願參加各類社區組織，來擴大福音的影響力；
- 開放家庭舉辦關於宗教和人生哲學的討論；
- 邀請鄰居來家裏吃飯或參加節日派對，與他們談論基督的事；
- 在工作的地方組織查經學習；
- 參加鄰里的俱樂部（園藝俱樂部、騎行俱樂部等等）以建立關係，創造進一步傳講福音的機會；
- 邀請朋友來教會，或者參加特殊的、以福音為中心的信仰活動。

我們要明白，分享福音沒有風險，只有你忠實盡職的賞賜。我們要將這生命的話語隨時準備好。

5. 與他人分享福音

有時，一些基督徒似乎認為福音應當被廣傳，但是當福音傳到他們那裏，他們就把福音存放在他們人生經歷的保險櫃中，不讓其他人碰。基督徒可能認為，僅僅分享自己的見證或活出好的基督徒生活，就與傳福音有相同的果效。當然，這樣的生活的確是某種見證，但它能見證耶穌基督的十字架嗎？我們的個人見證和行為的「見證」，能有效地指向十字架和救主嗎？

有太多的事例表明，這樣的努力往往只能給人留下宗

教虔誠的模糊印象，卻沒有鮮明地表明，神通過犧牲祂兒子救贖罪人所彰顯的榮耀。如果我們想為地方教會的健康出一份力，我們就必須不僅自己接受福音，也要將福音傳給其他人。我們必須傳福音，必須以迫切和愛心，勸我們周圍的非基督徒為自己的罪悔改並且相信耶穌基督。我們必須告訴他們，歸向神不意味著生活會一帆風順，但做出這樣的決定非常值得。他們靈魂所渴望的赦免和滿足，只有在耶穌基督那裏才能找到。

我們的牧師通過講臺來播撒和澆灌福音的種子，我們也可以通過播撒和澆灌福音的種子來促進他們的工作。我們可以主動向教會的訪客打招呼、和他們交談，我們可以邀請我們的非基督徒家人和朋友來教會。我們應該利用他們來訪的機會與他們討論屬靈方面的事，尤其是討論他們對好消息的理解和接受與否。我們可以和其他基督徒策劃一些宣講福音的機會，並為此禱告。一個被福音充滿的生命，是將好消息播撒給其他人的生命。一個健康教會的部分成員是受福音驅動的健康成員。

6. 捍衛福音

最後，一個健康的教會成員會認真承擔起捍衛福音的責任，防止福音被侵蝕和遺棄。新約聖經最終將這一職責交托給了教會的會眾，而不只是牧師。加拉太的教會被一些假師傅攪擾，這些假師傅試圖將割禮加入福音的要求中，這時使徒保羅不是寫信給牧師和長老，而是給教會。他寫信給全體會員，呼

顧他們保守他之前給他們傳講的福音。他的教導是強硬的：

> 但無論是我們，是天上來的使者，若傳福音
> 給你們，與我們所傳給你們的不同，他就應當被咒
> 詛。我們已經說了，現在又說，若有人傳福音給你
> 們，與你們所領受的不同，他就應當被咒詛。（加
> 1:8-9）

加拉太人，事實上所有的基督教會成員，都應該小心所聽到的內容。使徒約翰警戒他的讀者說：「若有人到你們那裏，不是傳這教訓，不要接他到家裏，也不要問他的安；因為問他安的，就在他的惡行上有分。」（約貳10-11）彼得提醒他的讀者，那些隨從假師傅的「邪淫行為」的人，使「真道被毀謗」（彼後2:2）。所以猶大告誡他的讀者，「要為從前一次交付聖徒的真道竭力地爭辯」（猶3），這就可以理解了。健康的教會和教會成員要為通過聖經交付並保存的使徒福音爭辯，並保護這福音。如果我們沒有接受這一責任，如果我們在認識和應用福音方面鬆懈，那我們就是任由福音被無恥的師傅和那惡者的勢力侵蝕、濫用和拋棄。

結語

在耶穌基督的福音中，神為罪人獻上自己，把自己給了罪

人。正是這福音讓我們認識到神的愛，認識到我們自己的敗壞和對救贖的需要，也認識到通過敬拜神，我們可以得享永遠的喜樂。也正是這個福音和對這福音的正確理解，給基督教會的成員帶來了健康和力量。讓我們被這福音充滿吧！

深入思考

你打算具體怎麼做，使自己不斷地思考福音、應用福音並與他人分享福音？

延伸閱讀

• Bridges, Jerry. *The Gospel for Real Life*. Colorado springs, CO: NavPress, 2003.

• Bridges, Jerry. *The Discipline of Grace*. Colorado Springs, CO: NavPress, 1994.[③]

• Mahaney, *C. J. Living the Cross Centered Life: Keeping the Gospel the Main Thing*. Sisters, OR: Multnomah, 2006.

• Piper, John. *God Is the Gospel: Meditations on God's Love as the Gift of Himself*. Wheaton, IL: Crossway, 2005.[④]

---

③ 中文版參考《恩典作王》，麥種傳道會 2012年出版。

④ 中文版參考《神就是福音》，雅歌出版社 2007年出版。

• Spurgeon, Charles. *The Power of the Cross of Christ*. Seattle, WA: YWAM Publishing, 1996.

• Stott, John. *The Cross of Christ*. Downers Grove, IL: Intervarsity, 2006 (Twentieth Anniversary Edition).[5]

---

⑤ 中文版參考《當代基督十架》，校園書房 1990年出版。

標誌四

健康的教會成員是真正悔改歸主的人

我的基督徒朋友柯蒂斯（Curtis）有一種感染人的喜樂。他愛神，也愛傳福音，柯蒂斯總是「願意付出一切讓別人決志信主」。

有一天，柯蒂斯帶著他一貫的喜樂告訴我，我們都認識的朋友肯尼（Kenny）「重生」了。我對他的用詞感到震驚，於是壓下他的興奮問道：「你怎麼知道他重生了?」

柯蒂斯的興奮稍減，如同小狗有時候好奇人類奇怪的行為，他歪著頭問我：「什麼意思？」

「我是說，你怎麼知道他在靈裏重生呢，而且還這麼自信？」

他明白後就放鬆下來：「噢，這很簡單。在聚會結束後，他到講臺前面做了接受耶穌的禱告，很多人就是這樣得救的。」

差不多一年後，柯蒂斯打電話給我，聽起來很憂慮。一個時不時困擾他的問題再次讓他很不舒服，但這次是關於我們的朋友肯尼。柯蒂斯告訴我，肯尼剛開始信主時表現得非常好，

參加聚會、熱心禱告、跟大家一起出去傳福音，有時候在敬拜中非常動情。「第一年非常棒，但是之後，」柯蒂斯的聲音變得低沉了，「肯尼漸漸地不再熱心了，就像是慢慢枯竭了一樣⋯⋯他現在婚姻有些問題，也在考慮放棄信仰。」

電話兩端都沉默了一會兒，然後柯蒂斯問：「你覺得肯尼真的得救了沒有？你怎麼分辨一個人是不是重生了？」

一、正確理解悔改歸主

我們在思考一個健康的教會成員必備的條件時，在這裏有充分的理由證明，一個健康的教會成員必須真正地悔改歸主。健康的教會成員，即真正的教會成員必須知道神在他靈魂中的恩典作為。我們自己必須悔改歸主。這看起來是理所當然的，但是我在面試那些想加入我們教會的人時，約有40%的人告訴我，他們都有過這樣一段時間，就是他們已經成為教會成員，但還不明白福音，按他們自己的評估，那時還不能算是悔改歸主的人。這種現象很普遍，就連約翰・衛斯理（John Wesley）這樣有名的基督徒，也有過這樣的經歷。

二、合乎聖經地理解悔改歸主

之所以教會歷史上有大量掛名的基督徒，就是那些有名無實的基督徒，其中一個原因就是教會沒有信奉基於聖經的

悔改歸主，也沒有這樣的教導。如果我們想正確理解悔改歸主，就必須從聖經對墮落之人的診斷開始。弄清病情，才能對症下藥。

　　病情就是所有的人都有罪。人不但犯罪，而且本性就是罪人（弗2:1-3）。從人的本質和內心來看，人都是與神疏遠、與神為敵的。人願意滿足自己罪惡的慾望和心願，卻不願意尊榮和敬拜神，以至於成了罪的奴僕。

> 　　因為隨從肉體的人體貼肉體的事；隨從聖靈的
> 人體貼聖靈的事。體貼肉體的就是死，體貼聖靈的
> 乃是生命平安。原來體貼肉體的，就是與神為仇，
> 因為不服神的律法，也是不能服。而且屬肉體的人
> 不能得神的喜歡。　（羅8:5-8）

　　因為人本性就是罪人，在神面前是有罪的，應當承受神預言的懲罰。除非人的屬靈狀況發生徹底而深刻的轉變，否則人必要受審判。人心注重罪惡，因此不能也不願意討神的喜悅。人迫切需要被改變，需要一顆新心。

　　這種根本的改變在基督教神學上被稱為「悔改歸主」。悔改歸主是一個注重罪惡、被奴役的生命，轉變為追求神、敬拜神的自由生命。悔改歸主是生命的轉變，而不僅僅是一個決定。這種改變不關乎品行正直、自我拯救或僅僅是行為修正。它不通過外在展示或諸如「走紅毯」的宗教儀式來完成，它不

能憑藉人的努力，而只能依靠神的大能來完成。

悔改歸主是一個非常劇大的轉變，以至於需要聖靈的參與。在悔改歸主時，神的靈同時賜下悔改與信心這雙重恩典，使罪人轉離罪惡，並且藉著信靠耶穌基督歸向神。[①]《新罕布夏信仰告白》第八條，對基於聖經的悔改歸主有很好的定義：

> 我們相信悔改和信心是神聖的本分，也是不可分割的恩典，由使人重生的聖靈在我們心裏做成；我們通過深深地相信自己的罪責、危險處境以及無助，還有耶穌基督的救贖之道，因此帶著無偽的痛悔和認罪，祈求神的憐憫，回轉歸向神；同時，我們衷心地接受主耶穌基督作我們的先知、祭司和君王，只信靠祂為唯一且全備的救主。

就這樣，悔改歸主要求人真正地知罪，這會帶來回轉（悔改）和專心依靠主耶穌基督得蒙拯救（相信）。

三、認識我們自己的靈魂

那麼，基於聖經對悔改歸主的認識，會怎樣實際地影響我

---

① 例如參見約 1:12-13，3:3-8，6:44，15:16; 徒 11:18; 弗 1:13-14, 2:1-9; 彼前 1:23以及約壹 4:10。

們在教會的表現？這值得我們從內在影響和外在影響兩方面加以考慮。

我們先從內在影響開始。我們需要問自己，我們是否靠著神的恩典、通過相信耶穌基督領受了一顆新造的心。這樣的自我省察在靈裏是健康的。事實上，這也是使徒經常勸勉讀者去做的（林後13:5；腓2:12；彼後1:5-11）。第一要務是認識我們自己的靈魂。我們是否唯獨信靠基督已經做成的工使我們得救？我們的生命裏面是否有神恩典的記號？我們是否在耶穌基督的恩典和知識上有長進？是否在屬靈的果子上有長進（加5:22-24）？是否在基督的八福所提到的美德方面有長進（太5:3-12）？

《約翰一書》可以很好地幫我們查驗神在我們靈魂中的工作。約翰提供了幾個測試，幫助基督徒知道自己是否已經相信基督和得救。我們可以根據下面幾個依據來省察自己，知道我們的靈魂在神面前的狀況。

1. 我們是行在光明中，還是行在黑暗中？

「我們若說是與神相交，卻仍在黑暗裏行，就是說謊話，不行真理了。我們若在光明中行，如同神在光明中，就彼此相交，他兒子耶穌的血也洗淨我們一切的罪。」（約壹1:6-7）。真正向基督悔改歸正的人會為罪憂傷，會痛恨自己的罪，渴望基督裏的生命之光，這就是說，他們渴慕並努力活出正直和公義。否認自己是罪人、習慣性並且毫無悔意地活在罪中的人（8-10節），是沒有真正悔改歸主的人。「凡住在他

裏面的，就不犯罪；凡犯罪的，是未曾看見他，也未曾認識他。」（約壹3:6）

2. 我們是否愛父神?

看起來一些人愛「柔和謙卑」的耶穌，但不愛父神，他們認為父神是舊約聖經中沒有愛的神。一些人基於認為耶穌是愛和忍耐的神，而覺得神不會審判罪、不會對罪人定罪。他們可能將父神視為舊約中的暴君，並拒絕聖經關於神的教導，因為他們覺得這樣的教導已經過時了，讓人不滿意或令人厭惡。但是使徒約翰把人對父的愛看作對真信心的測試，「不要愛世界和世界上的事。人若愛世界，愛父的心就不在他裏面了。」（約壹2:15）「誰是說謊話的呢？不是那不認耶穌為基督的嗎？不認父與子的，這就是敵基督的。 凡不認子的，就沒有父；認子的，連父也有了。」（約壹2:22-23）只有一位神——父、子、聖靈。人不可能既愛世界又愛父，也不可能接受基督卻不接受父，或者不信基督卻能來到父面前。愛父神是對真實悔改歸主的一個檢驗。

3. 我們是否愛其他基督徒?

許多人在生活中不真正關心和愛其他的基督徒，他們認為基督徒的行事為人是個「單人專案」。然而，「凡信耶穌是基督的，都是從神而生，凡愛生他之神的，也必愛從神生的。」（約壹5:1）「沒有愛心的，仍住在死中。凡恨他弟兄的，就是殺人的。你們曉得凡殺人的，沒有永生存在他裏

面。」（約壹3:14b-15）「小子們哪，我們相愛，不要只在言語和舌頭上，總要在行為和誠實上。從此就知道我們是屬真理的，並且我們的心在神面前可以安穩。」（約壹3:18-19）約翰教導說，神的誡命是信耶穌基督的名，並彼此相愛。如果我們對其他基督徒的愛心冷淡，就應當省察自己是否真正相信神的兒子耶穌基督，自己是不是真的得救了。

4. 是否有聖靈見證我們是神的兒女？

「我們所以知道神住在我們裏面，是因他所賜給我們的聖靈。」（約壹3:24b）父神給了我們祂愛我們的見證。藉著神自己和聖靈給我們的確信，我們可以相信神已接納我們進入祂的家。「你們既為兒子，神就差他兒子的靈進入你們的心，呼叫：『阿爸，父！』」（加4:6；也參見羅8:15）「聖靈與我們的心同證我們是神的兒女。」（羅 8:16）我們知道自己住在神裏面，神也住在我們裏面，是因為在我們相信福音的時候，我們領受了聖靈（約壹4:13-14）。

5. 我們是否在信心中忍耐？

「因為凡從神生的，就勝過世界；使我們勝了世界的，就是我們的信心。」（約壹5:4）相信並且繼續相信的人，是因信基督勝過世界的人。真實的信心是忍耐的信心。這不意味著生活中不會有難事使你困惑和難過，而是意味著真正的基督徒會憑著信心繼續前進，信靠神和祂良善的旨意和計劃。因為真

正相信的人所領受的聖靈，會給我們加上印記並保守我們直到那日（弗1:13-14；彼前1:3-5）。

最好在地方教會的團契相交中、在委身和長進的基督徒中問這些問題，他們可以幫我們更準確地看待自己。一些人熱衷「易信主義」②，拒絕對自己的靈魂進行仔細反省；而另一些人則很容易落入試探，變得疑惑和絕望。教會應當有這樣的文化：我們可以指明神在彼此生命中的恩典，也可以用尖銳的問題詢問彼此的認信和行事為人，這都是彼此相愛的方式。通過這兩方面，我們可以互相扶助，以免落入極端絕望或自滿的境況中；我們也互相鼓勵，通過神在我們靈魂中的拯救之工來看待自己。

四、對傳福音的影響

除了向內看（並且幫助別人也這樣做），我們也要向外看。看我們對於悔改歸主的理解，以及這種理解怎樣影響我們教會的傳福音。當談到傳福音時，健康的教會成員必須知道，究竟是誰使罪人悔改歸主。這完全是聖靈的工作。健康的教會成員必須意識到，傳福音不是靠高明的技巧，而是依靠神的靈藉著神的道使人在靈裏重生，並有悔改歸主的根本改變。我們

---

② 編者注：又稱簡信主義、淺信主義、簡單相信論。認為單單相信耶穌就能得救，無須悔改認基督為主，也不必有心靈的委身，屬於廉價福音。

會在下一章深入討論基於聖經的福音佈道。

結語

　　這些年來我和肯尼失去了聯繫，我不知道他是否還在過基督徒生活，還是他已經離開真理去跟隨世界了，但我知道，他省察自己是否在信心當中是絕對有必要的。我也知道，只有他按照神的話語去尋找歸正依據，他的省察才會有果效。

深入思考

　　和一群成熟的教會成員和朋友，用以下問題來思考和列出神在你們中間的恩典。如有必要，也明確你在哪些領域需要神的恩典。

　　1. 我們行在光中，還是行在黑暗中？（約壹1:6-7）

　　2. 我們是愛父神，還是愛這個世界？（約壹2:15）

　　3. 我們愛別的基督徒嗎？（約壹3:14-15，18-19，5:1）

　　4. 我們是否有聖靈見證我們是神的兒女？（羅8:15-16；加4:6；約壹3:24b）

　　5. 我們是否在信心中忍耐？（約壹5:4-5）

延伸閱讀

• Dever, Mark E. *Nine Marks of a Healthy Church*. Wheaton, IL: Crossway, 2004 （見第四章）。[3]

• Luther, Martin. *The Bondage of the Will*. Grand Rapids, MI: Baker, 1990.[4]

• Murray, John. *Redemption Accomplished and Applied*. Grand Rapids, MI: Eerdmans, 1984.[5]

• Smallman, Stephen. *What is True Conversion?* Phillipsburg, NJ: P&R, 2005.

• Whitney, Donald, *Ten Questions to Diagnose Your Spiritual Health*. Colorado Springs, CO: NavPress, 2002.

---

[3]《健康教會九標誌》(*Nine Marks of a Healthy Church*)，狄馬可(Mark Dever) 著，美國麥種傳道會出版。

[4] 中文版參考《論意志的捆綁》，收錄於《路德文集》第二卷，上海三聯書店 2005年出版。

[5] 中文版參考《再思救贖奇恩》，天道書樓出版。

標誌五

健康的教會成員是基於
聖經的福音佈道者

　　我們在上一章討論了悔改歸主這一重要教義。在那一章，我們以我的朋友肯尼的故事開始。肯尼「做過信仰告白」，但後來離開了基督。

　　現在我和朋友柯蒂斯難過的是，肯尼幾年前聽到的「福音傳講」可能是最膚淺的信息傳講。它不是按照聖經忠實宣講：（1）創造萬物、至高無上的神是聖潔與公義的；（2）人是罪人，且因悖逆神當受審判；（3）人需要徹底的改變，需要一顆新心和完全的義；（4）只有耶穌基督給了我們所需要的義，並為我們贖罪，滿足了父神對公義的要求；（5）肯尼需要結出與悔改相稱的果子，需要唯獨信靠耶穌基督。

　　我確信肯尼聽過以上內容的一部分，我也確信，忠實於聖經的福音佈道要求柯蒂斯分享更多內容，對肯尼的要求也更多。

　　很多人沒有嘗過神的良善和救恩的滋味，不是因為基督徒沒有機會分享福音，而是因為我們分享得太膚淺。一想到這個

就讓人感到害怕。健康的教會成員要努力確保自己已經悔改歸主，也要努力以基於聖經的悔改歸主來福音佈道。

一、基於聖經對福音佈道的認識

不基於聖經認識悔改歸主和福音佈道，教會成員就在領人作門徒的教會使命上什麼忙也幫不上。隨著當代教會對實用方法和技巧（「如果有用就去做吧」）的迷戀，教會成員若不理解悔改歸主和傳福音的真意，就很容易被引向不健康的方向。「無原則的實用主義不僅不忠於聖經，而且最終也不實用。」[①]

令人鼓舞的消息是，當我們對悔改歸主有了很好的把握，我們就會明白，福音佈道不依賴於口才、恰當的燈光氣氛、情意纏綿的故事和歌曲，也不倚靠高壓的銷售技巧。我們可以自由地單純信靠神，深深地倚靠福音的大能，最終結出神想要的果實來（羅1:17）。我們會知道，雖然我們是基督的使者，勸人與神和好，但最終是神自己通過我們與祂的同工而向人發出勸勉（林前3:9；林後5:20，6:1），並且祂的靈確保祂自己的話語不會徒然返回（賽55:11)。我們要忠實地栽種和澆

---

① Philip D. Jensen and Tony Payne, "Church/Campus Connection: Model 1," in *Telling the Truth: Evangelizing Pstmoderns*, ed. D. A. Carsob (Grand Rapids, MI: Zondervan, 2002), 195頁。

灌，滿懷信心地相信神會使其成長（林前3:7）。

　　所以，基於聖經的福音佈道對我們首先的要求，就是忠心地將耶穌基督的福音傳講給神交付給我們的人（林前 4:1-2）。具體來說，忠心的福音佈道必須（1）傳講真理的具體內容，要講「神是誰，人是誰，什麼是罪，耶穌是誰，耶穌對罪做了什麼，以及我們對耶穌所做的必須有什麼回應」；（2）要講基督是唯一的救贖之道，摒棄「有多條路徑通往神那裏」的想法（約14:6；徒4:12）；（3）呼召聽福音的人悔改並相信耶穌。[2]

　　基於聖經的福音佈道要分享基督為罪人死的美好消息，然後呼籲聽眾悔改和相信。施洗約翰傳揚這一信息（太3:1-2），耶穌也傳揚這福音（太 4:17），使徒彼得在五旬節也宣講了同樣的好消息（徒 2:38）。健康的教會成員在努力成為忠於聖經的福音佈道者時，會以這信息為中心。

二、做福音佈道者的工作

　　一些作家已經寫書幫我們忠心傳揚耶穌基督的福音。有些書提出了有益且實用的建議。狄馬可概述了教會成員在傳福音

---

[2]　Michael P. Andrus, "Turning to God: Conversion beyong Mere Religious Preferences", in *Telling the Truth*; 見 155-161頁。

時應當牢記的六點：[3]

第一，誠實地告訴人們，如果他們悔改相信就必得救，但是要付出代價。

第二，迫切地告訴人們，如果他們悔改相信就必得救，但他們現在就要做出決定。

第三，喜樂地告訴人們，如果他們悔改並相信福音就必得救。無論有多難都是值得的。

第四，使用聖經。

第五，要知道，基督徒個人的生活和教會整體的生活是傳福音的一個核心部分。這兩者都應該增加我們所傳的福音的可信性。

第六，記得禱告。

邁克爾‧安德魯斯（Michael P. Andrus）提供了更多有益的建議。[4]為了在傳福音的時候牢記對悔改歸主的正確看法，他建議：

第一，對尋求神的人提出忠告時，要關注其實際行為，而不只是言語；側重生命的改變，而不僅僅是信念的轉變。我們不應提的是，只要對一個命題說「是」，他們就可以確定得到永生。

―――――――――

[3] 《健康教會九標誌》（*Nine Marks of a Healthy Church*），狄馬可（Mark Dever）著，美國麥種傳道會出版。

[4] Michael P. Andrus, "Turning to God", 161-162頁。

第二，對罪與罪責要有合乎聖經的嚴肅觀點。

第三，教導聖經和基督教教義，讓可能歸正的人把握住一點，即拯救計劃是神的旨意，而不是人的智慧。

第四，摒棄決志主義（「只要相信」「禱告接受」「邀請耶穌進入你心裏」）這種輕率的說法，使用更強調悔改歸主的嚴謹說法（「降服於耶穌基督的主權」，或者「遠離罪惡，接受耶穌通過祂的死使我們罪得赦免，活出順服祂的生命來」）。

三、傳福音的地方教會

除了這些很好的建議，教會成員還應該認識到，地方教會在傳福音使命中的中心地位和極大的作用。我們參與到傳講福音的教會裏，靠著神的恩典，福音就在每個主日的聚集中被傳講開。邀請我們的非基督徒朋友來教會，是與他們更深入交流福音的絕佳方式。

這也是一個機會，讓他們看到福音在信徒實際的生命中「有血有肉地活出來」。在教會裏，非基督徒應該看到合一與愛，它們見證了真理、福音的大能以及神的慈愛（約13:34-35，17:20-21）。當我們的朋友見證基督徒遵守洗禮和聖餐時，他們會親眼看到福音。我們作為一個教會生活在一起，我們遵行教會的聖禮，這兩者都會彰顯福音，對所傳講的福音真

道起著輔助作用。

此外，把還不是基督徒的家人和朋友帶到我們的教會生活中，這有助於讓他們預先看到，如果主將來帶領他們悔改、擁有得救的信心，他們蒙召要過的生活將會是怎樣的。使地方教會成為傳福音的中心部分，有助於在開始基督徒生活時就根除靈裏的個人主義。

最後，在地方教會中，我們可能有幾十甚至上百個盟友，就是我們的弟兄姊妹。他們每個人都有自己的悔改見證和資源，可以與我們的朋友和家人建立關係。主經常樂意使用我們的弟兄姐妹來分享一些關鍵的話，或者活出令人信服的生活榜樣，以此帶領人得救。讓教會與你一同贏得失喪的靈魂。

結語

我曾經參加過一個由當地教會組織的傳福音會議。會議的主講人問聽眾，他們認為基督徒不傳福音的第一原因是什麼。聽眾說了很多好答案，比如懼怕、知識裝備不夠、冷漠。主講人表示這些當然都是問題，但首要問題是太多的基督徒不相信《羅馬書》1章16節的經文，這讓聽眾深感震驚。他們並不相信福音是神拯救的大能，他們對福音缺乏信心。

你呢？你相信福音是神拯救的大能嗎？作為一名福音佈道者，你是以這樣的信心做工嗎？我禱告求神使我們都能肯定地

回答這些問題。

深入思考

1. 你向他人講述耶穌時，包含了福音所有的關鍵內容嗎？

2. 你向他人講述耶穌時，有表現出對福音信息的信心嗎？相信福音是神拯救的大能。

3. 一個成員彼此深度委身的教會，會怎樣改變教會所在社區對教會的看法？

延伸閱讀

• Carson, D. A., ed. *Telling the Truth: Evangelizing Postmoderns*. Grand Rapids, MI: Zondervan, 2000.

• Dever, Mark E. *The Gospel and Personal Evangelism*.[5] Wheaton, IL: Crossway, 2007.

• Metzger, Will. *Tell the Truth: The whole gospel to the Whole Person by Whole People*. Downers Grove, IL: InterVarsity, 2002.

• Packer, J. I. *Evangelism and the Sovereignty of*

---

[5]　中文版參考九標誌中文事工的《福音信息與個人佈道》。

*God.*⑥Downers Grove, IL: InterVarsity, 1991.

• Stiles, Mack. *Speaking of Jesus: How to Tell Your Friends the Best News They Will Ever Hear*. Downers Grove, IL: InterVarsity, 1995.

---

⑥　中文版參考《傳福音與神的主權》，改革宗翻譯社出版。

標誌六

健康的教會成員是委身的教會成員

作為一個年輕人，約書亞・哈裏斯（Joshua Harris）過去對教會的態度反映了今天很多人的觀點。約書亞寫道，

> 從我們教會的高中青年團契畢業後，我開始遊走於不同的教會。我愛神，並且夢想著能服侍祂，但我不認為我應該委身在一個教會裏。那時我以為自己完全瞭解教會，沒有什麼能打動我。大多數教會給我的印象是過時和不切實際。這世上肯定有更好、更有效的方式來為神成就大事。①

他認為教會是次要、過時和低效的，是一種障礙。他這樣想，不是因為他不愛神和神的子民。他只是不覺得委身在一個具體的教會是重要的，甚至認為這是阻礙。

約書亞不是唯一這樣想的人。許多人認為教會，尤其是教

---

① Joshua Harris, *Stop Dating the Church* (Sisters, OR: Multnomah, 2004), 13頁。

會成員制度,即實際署名加入教會是屬靈的老古董,會阻礙屬靈生命的自由和多結果子。

人們對教會成員制有這種觀點,原因有很多。一些基督徒對教會成員制漠不關心。他們可以接受,也可以捨棄;他們對教會既不興奮也不消極,他們並不在意教會。

另外一些基督徒無知,他們沒有受過教導,從來沒有以聖經的觀點來看待地方教會。

另外還有一些基督徒猶豫不決,不能下定決心加入教會。可能他們是那種從來不真正做決定的人,更多的時候是被動地接受決定。

也有一些獨立型的人,他們是「獨行俠」式的基督徒,不想被教會成員的身分束縛。他們不想別人「干涉他們的事」,只想去教會得到自己想要的東西,然後沒有瓜葛地離開。

最後還有一些人不輕易委身於地方教會,是因為他們的感情在別的地方。他們雖遠離家鄉,但對家鄉的教會有很深的感情。他們不能全心委身在現在的教會,因為在情感上他們從沒有離開過原來的教會。

從根本上看,所有這些對地方教會的觀點都源於同樣的問題:沒有真正明白或沒有嚴肅對待神的心意,即地方教會是其子民生活的中心。人們不委身於教會、不成為教會的成員,也就不能成為健康的基督徒,因為他們不明白這種委身正是神的心意,神要以此讓祂的兒女活出信仰、經歷基督的愛。

一、「教會成員制」有聖經依據嗎？

當人們第一次聽說教會成員制是必要的、非常重要的，許多人都想知道，「教會成員制這種觀念真的很重要嗎？我在聖經哪裏可以找到這種觀點？」

和許多事情一樣，聖經沒有「教會成員書」這樣的書卷，也沒有哪一章經文的標題是「成為教會成員」。沒有這樣明顯的聖經經文，但是教會成員制的觀念在聖經中幾乎隨處可見。

你是否考慮過，如果不施行教會成員制，不明確識別成員身分，如果成員制不重要，那麼神頒佈給新約教會的規定和命令有多少會完全失去意義？以下是聖經中對地方教會的幾個核心命令，若沒有實際的教會成員制，這些命令就會失去意義。

1. 教會領袖

聖經中有兩處經典的經文，概括了教會領袖必須擁有的資格（提前3:1-13；多1:5-9）。除了這些資格，還有明確的命令，要求教會領袖牧養群羊，基督徒順服他們的領袖（來13:17）。然而如果沒有確定的教會成員，那教會領袖就沒有要帶領的人。如果領袖不對一個群體負責，並且這個群體也和領袖沒有什麼連接，那麼《希伯來書》13章17節中要求順服帶

領人的命令就成了空話。[2]

2. 教會紀律

在《哥林多前書》第5章中，使徒保羅命令哥林多信徒將犯淫亂的那人「從他們中間趕出去」。主耶穌也在《馬太福音》18章15至17節中命令人做相似的事。聖經之所以命令教會施行教會紀律，一部分原因是為了在神的子民，即教會和周圍世人之間保持明確的分別（林前5:9-13）。如果沒有一個實際可見的方式來判定誰屬於教會、誰屬於世界，那這種分別就消失了，那把人「從中間趕出去」就成了不可能的事，因為這人也沒有真正屬於教會過。

3. 保留名單和投票

有些證據表明，初期教會持有與教會成員制度有關的名單。例如教會裏寡婦的名單（提前5:9）。此外，地方教會的基督徒也為一些事情投票。在哥林多教會中，是「大多數人」（the majority）投票表決，將那人從教會中趕出去的（林後2:6）。

當一個已知的、可識別的、獨特的群體得到認可時，選舉

---

[2] Mark Dever and Paul Alexander, *The Deliberate Church: Building Your Ministry on the Gospel* (Wheaton, IL: Crossway, 2005), 見 60-61頁。中文版參考《深思熟慮的教會》，美國麥種傳道會 2011年出版。

領袖、順服領袖、管理成員、保存名單以及投票表決才會有意義。因此，儘管聖經沒有為我們提供成員制的闡述，但在神默示的記錄中有足夠的證據表明，某種形式的教會成員制度是可行的，並且這對教會的管理是必要的。教會成員制度在今天仍然很重要。

二、教會成員制的核心：委身的愛

我們的主耶穌明確了作祂門徒的一個標誌。當然，真門徒的標誌有許多，但祂把一個標誌挑出來，向察看我們的世人表明我們是屬於基督的：

> 我賜給你們一條新命令，乃是叫你們彼此相愛；我怎樣愛你們，你們也要怎樣相愛。你們若有彼此相愛的心，眾人因此就認出你們是我的門徒了。（約13:34-35）

基督門徒的標誌是愛，是耶穌對跟從祂之人顯明的愛，這種愛很明顯，因此人們能認出這種愛是屬於跟從耶穌之人的。

那麼，一名健康的基督徒會全力以這種愛去愛其他的基督徒，就不足為奇了。基督徒踐行這種愛的最佳場所，就是由神的子民聚集而成的「地方教會」。難怪《希伯來書》的作者勸勉我們要「彼此相顧，激發愛心，勉勵行善」，然後立刻說，

「你們不可停止聚會，好像那些停止慣了的人，倒要彼此勸勉。既知道那日子臨近，就更當如此」（來10:24-25）。忠心地參加聚會與激發愛心和勉勵行善密切相關。地方教會是神子民最明顯、最有力地彰顯神之愛的地方。地方教會是「基督的身體」在這世界上最清楚的展現。

三、委身的教會成員是怎樣的人？

在某種意義上，「委身的教會成員是怎樣的人？」這個問題是本書全篇都要回答的。但在這裏，我們想從愛的基本誡命和愛的標誌兩個角度來探討該問題。委身的教會成員有以下特徵。

1. 定期參加聚會

這是每一個基督徒在地方教會首先並最重要的侍奉。來教會、彼此認識並積極主動，這些是基督徒彼此相愛成為可能的唯一方法（來10:24-25）。

2. 尋求和睦

一名委身的教會成員會全力維持會眾中的和睦。「我們務要追求和睦的事與彼此建立德行的事。」（羅14:19）「並且使人和平的，是用和平所栽種的義果。」（雅3:18）

3. 造就別人

　　教會聚會的一貫目的或目標是相互建造，在信心上彼此造就（林前12，14章；弗4:11-16）。委身的健康成員像耶穌一樣服侍別人，而不是等著被服侍（可10:45）；供應別人，而不只是作消費者。

4. 警告和勸戒其他人

　　這一點會在第七章《健康的教會成員尋求教會紀律》中有更詳細的討論。委身教會的成員會用愛心對弟兄姐妹說誠實話，會幫助他們避開陷阱，鼓勵他們常活在聖潔和基督徒的喜樂當中。當需要關懷和輔導其他人的時候，委身教會的成員不會錯誤地侵犯別人的生活、好管閒事，也不會甩手不管。

5. 尋求和解

　　基督徒是通過基督與神和好的人，因此我們被授予了「勸人與他（神）和好的職分」（林後5:18-21）。所以委身教會的成員會盡可能快地，甚至在公共敬拜之前修補破口（太5:23-24）。

6. 對人心存忍耐

　　勸人與神和好的人必須有耐心和長久忍耐。他們必須是謙卑柔和的，不會看自己過於所當看的（太5:5）。他們必須能承受失望、挫敗、損失、攻擊、毀謗和冒犯（太18:21-

22；羅15:1）。通過背負彼此的重擔，我們成就基督的律法（加6:2）。

7. 為聖禮做準備

　　教會成員的一個特權是參加基督的聖禮，即受洗和聖餐。這些特權讓我們以可見的方式宣告這個好消息，就是耶穌為罪人死，之後又復活得永遠的生命。因此一個極大的悲劇就是，許多基督徒忽視了耶穌在兩千年前親自設立的聖禮。委身教會的成員會為新信徒受洗而高興，會在預備與屬神的家人一同領受主餐時省察自己的內心。他將這些屬靈操練看作蒙恩之道，有形地見證了福音在自己生命中和教會生活中的果效。

8. 支持各項事工

　　委身教會的成員為地方教會在福音上的興旺奉獻資源、時間和才能。他活出聖經對基督身體的呼召：「按我們所得的恩賜，各有不同。或說預言，就當照著信心的程度說預言；或作執事，就當專一執事；或作教導的，就當專一教導；或作勸化的，就當專一勸化；施捨的，就當誠實；治理的，就當殷勤；憐憫人的，就當甘心。」（羅12:6-8）委身教會的健康成員通過支持地方教會的事工來獲得並使用神的恩典，也擅長將自己從神那裏的領受獻給福音工作。他應該效仿馬其頓人，以捨己和慷慨的心堅持施捨錢財，並且越發加增。雖然目前處境困難，但憑著對神的信心不斷地奉獻（林後8-9）。我們所擁有

的，有什麼不是從神而來的呢？既然是從神那裏來的，有什麼不應該以敬拜的心甘願獻給祂呢？

結語

不加入基督的身體，不以持久委身的方式與教會的元首聯結，這無疑是因不受教或因內心愚鈍而不知感恩的表現。我們有幸在我們地區可以自由地加入地方教會，應該牢記潘霍華（Dietrich Bonhoeffer）的勸誡：

> 正是藉著神的恩典，一群會眾才能在這個世界上以可見的方式聚集在一起，分享神的話語和聖禮。並非所有的基督徒都領受了這個祝福。那些被囚的、生病的、孤獨散居的，以及在異教之地傳福音的宣教士是形單影隻的。他們知道可見的團契是一種祝福。他們和詩篇作者一樣，記得從前他們是怎樣「與眾人同往，用歡呼稱讚的聲音到神的殿裏，大家守節」（詩42:4）。因此，讓直到今日仍有幸過著基督徒團契生活的人，從心底裏讚美神的恩典。讓他跪下感謝神，並且宣告道：「是恩典，完全是恩典，讓我們可以與基督徒弟兄過著團契相交

的生活。」③

深入思考

1. 如果用1-10來評分，你會怎樣評價自己對地方教會的委身程度？如果你的分數不是10，想想為什麼會是這樣？

2. 總體而言，你所在的地方教會是否恰當地關注教會成員制？你能引用具體的經文段落來支持你的回答嗎？

3. 一個成員彼此深度委身的教會，如何改變教會所在地區對教會的看法？

延伸閱讀

- Bonhoeffer, Dietrich. *Life Together*. New York: Harper and Row, 1954.
- Harris, Joshua. *Stop Dating the Church*. Sisters, OR: Multnomah, 2004

---

③ Dietrich Bonhoeffer, *Life Together*, (New York: Harper and Row, 1954). 中文題為「團契生活」，被收錄於宗教文化出版社2011年出版的 《團契生活：潘霍華作品選》中。

標誌七

健康的教會成員尋求教會紀律

生命需要秩序，這是一個常常被遺忘或被忽視的簡單道理。要想茁壯成長，一切生命都需要秩序。

所以說混亂是成長的敵人。無序、凌亂和漫不經心通常會帶來不穩定，會產生削弱而不是鞏固的效果。無序的環境很少有供應和滋養。生命需要秩序。

年輕夫婦在神賜下子女時會發現這一點。在此之前，他們的生活態度堪稱「自由自在、無拘無束」，但他們很快就會意識到，為了照料和撫養好孩子，他們需要保持一定的秩序。睡眠和餵食必須建立規律，危險的小物件需要拿走，電源插座要蓋起來；換尿布、洗澡、換衣服都要按時進行。若想成長，就必須要有秩序。這是一個生命的事實。

那麼在靈命方面，秩序同樣必要。沒有恰當地建立常規、界限和模式，靈命的茁壯成長難以實現，即使成長了，也是雜亂無章的。另一個詞來表示靈命成長所需要的秩序就是紀律。

一、什麼是紀律？

如今人們聽到「紀律」這個詞，容易想到的是各種負面的懲罰，比如打不聽話小孩的屁股。對許多人而言，管教聽起來很嚴苛，是要回避的事情，或者刻薄狠心的人才會管教。還有一些人認為管教是對自由和喜樂的限制。的確，管教並不總是令人愉快的。《希伯來書》的作者這樣說：「凡管教的事，當時不覺得快樂，反覺得愁苦。」（來12：11）

但實際上，除了「令人不快的懲罰」，紀律有更寬廣和更積極的意義。英文的紀律管教（discipline）和門徒（disciple）這兩個詞出於同樣的拉丁文詞根，與「教育、秩序」之意緊密相連。門徒是指學生，是接受某種訓練、學習某種職業或掌握某一思想體系的人。這樣的人在生活上會受到行業的規範，職業運動員要遵守競技項目的規則，心理學教授要致力於這個學派或那個學派的研究，醫生則要堅守美國醫學協會的原則或「希波克拉底誓言」。這些人都是各領域的門徒，受到各領域原則的管束。

教會也是如此。在教會裏每一項集體侍奉都應「規規矩矩地按著次序行」（林前14:40）。要想得造就，這種次序就是必需的。

在信徒個人生活中，紀律管教也是必要的。[1]亞當斯

---

① 例如參見帖前 4:22；帖後 3:6、11。

（Jay Adams）很好地總結了有序的紀律管教、學習和基督徒生活三者間的聯繫：「當我們受洗歸入教會後，就被基督的學校錄取了。此後在塵世餘生中，我們就要受教（不光是學習事實，還要學習）順服基督的命令。這是帶有強制力的教育，是靠井然有序的紀律管教支撐的教育。要進行學習，這種管教就是必不可少的。」[2]

因此，紀律管教就是關於教育與學習、秩序與成長的。為成長與發展提供環境的，正是教會生活和健康教會成員生活中的紀律管教。紀律管教打磨出了與基督形象相符的罕見寶石。

二、健康教會成員生活中的紀律是怎樣的？

在健康的教會群體生活和教會成員個人生活中，紀律管教以兩種形式出現。這兩種紀律管教的方法都源自神的話語，事實上，是明白神的話語在其子民生活中的旨意和作用的兩種方式。

使徒在《提摩太後書》3章16節寫道：「聖經都是神所默示的，於教訓、督責、使人歸正、教導人學義都是有益的。」

---

[2] Jay Adams, *Handbook on Church Discipline: A Right and Privilege of Every Church Member* (Grand Rapids, MI: Zondervan, 1974), 第 16頁。中文版參考《教會勸誡手冊》，改革宗出版社 2007年出版。

　　換句話說，神「呼出」或「默示」的聖經有兩大用途：塑造式管教和糾正式管教。當保羅寫道，聖經「於教訓」和「教導人學義」都是有益的，他說的是積極的或塑造式管教。塑造式管教，指的是在基督徒接受聖經教導並操練為神而活時，聖經如何塑造和雕琢基督徒。如同醫生要受職業標準和誓約的約束，基督徒也要受神話語的塑造和管理。

　　同樣，保羅說聖經「於督責、使人歸正」都是有益的，他說的是神的話語如何解決我們的問題，使我們轉離錯謬、歸回公義。這是糾正式紀律管教。

　　在任何一個教會，紀律管教絕大多數是積極或塑造式的，比如人們聽道而成長、個人靈修時研讀聖經、因主內肢體的友愛和鼓勵而被塑造。但是偶爾還是會有弟兄姐妹陷入罪中，需要其他教會成員的幫助。其他教會成員出於對靈魂的關心，給予愛的責備和糾正。此外，聖經也談到了各種需要糾正的情況。在一位弟兄得罪另一位弟兄的事例中，我們的主耶穌講了糾正式管教的程序（太18:15-17）。使徒保羅勸誡哥林多教會要嚴厲對待一個身陷淫亂罪的弟兄，將其逐出教會（林前5章）。教會不僅要糾正諸如淫亂等「真正邪惡」的罪，也要糾正那些看似普通、混亂的罪，如懶惰、虛假教導等（帖後3:6、11；多3:10）。

　　沒有人一生都不需要管教，無論是積極的還是糾正式的。健康的教會成員欣然接受紀律管教，將其視為基督徒人生中的一個蒙恩之道。

三、我們如何喜樂地尋求紀律管教？

　　教會紀律這個話題可能對你來說比較新，或者這個話題雖然不新，但你所在的地方教會很少執行紀律管教，或者根本就不執行。有些人只能在不斷認識這一重要話題的同時，直面懼怕和錯誤的印象，並且為教會的健康做出貢獻。下面幾條建議，目的是培養我們渴慕積極的和糾正式的紀律管教，使我們可以成為所在教會的健康成員。

1. 用柔和的心領受神的話語

　　雅各呼籲基督徒：「你們要脫去一切的污穢和盈餘的邪惡，存溫柔的心領受那所栽種的道，就是能救你們靈魂的道。」（雅1:21）雅各的教訓隱含著兩種生活：一種是不敬虔的生活，是污穢的、邪惡的；另一種是效法基督的生活，是謙卑的、柔和的。基督徒應存溫柔的心接受神的話語。也就是說，在傳講神的話語和學習聖經的過程中，基督徒應該在經文面前謙卑溫柔，承認聖經是得救與敬虔生活的源頭。我們來到聖經面前時，應當認識到自己天然的罪性，認識到自己在神面前靈裏的匱乏，以及我們需要神對我們的塑造，而這種塑造通常是藉著神的道成就的。

　　那麼，我們如何知道自己是否心存溫柔接受神的話語呢？下面的問題或許對我們有幫助：

- 讀經時，我們只是為了獲取信息，還是相信神藉著經文對我們說話？
- 聽道時，我們是追求某些需求（比如娛樂或實用建議），還是首先為了明白經文的本意，並用它來指導我們的生活？
- 我們對經文的第一反應是「我對經文有什麼感受」，還是「我把這當作真理來接受嗎」？我們是讓我們的感受來決定什麼是正確的，還是讓經文來決定我們的感受？[3]
- 聽道或讀經時，我們的態度是否是防禦性或爭辯性的，好像在要求人「證明給我們看」？[4]
- 我們是傾向於用聖經來判斷其他哲理和觀點，還是借助其他哲理和觀點來調和或判斷聖經？

以溫柔之心領受神的話語，意味著憑信心相信聖經，藉著友善和順從的心，藉著神的靈的見證來接受聖經。明確的說，我們相信聖經是真理，是唯一能塑造我們生命的權威，相信必須由聖經來支配我們的感覺和思想。健康的教會成員如此行的時候，就是在預備自己領受教會塑造式的紀律管教。

---

[3] C. J. Mahney, *Living the Cross Centered Life: Keeping the Gospel the Main Thing* (Sister, OR: Multnomah, 2006) 一書第二章。

[4] 這是《羅馬書》1章18節和21節所描述的不敬虔之人的態度，這些人「阻擋真理」並且「不（把神）當作神榮耀他，也不感激他」。

2. 學會將懲戒看作是神愛的明證

如果你覺得教會的紀律管教刻薄沒有愛，並為此感到煩惱，那麼請考慮一個事實，就是聖經告訴我們，神自己就是一位會管教兒女的慈父：「我兒，你不可輕看主的管教，被他責備的時候，也不可灰心。因為主所愛的，他必管教，又鞭打凡所收納的兒子。」（來12:5-6）

領受從神來的管教是神愛我們的明證。無論神在什麼事情上責備懲戒我們，我們都可以肯定，祂是像父親對兒子一樣對待我們。管教是一種愛的表現，而不是報復或仇恨。《希伯來書》的作者繼續說：「你們所忍受的，是神管教你們，待你們如同待兒子。焉有兒子不被父親管教的呢？」（來12:7）

這位慈愛的父親實施管教的目的是什麼？是為了讓我們可以「順服萬靈的父得生命」，並且「使我們在他的聖潔上有分」（來12:9-10）。父在愛中保守我們的生命，並在糾正懲戒中使我們歸向聖潔。健康的教會成員會視這種懲戒為愛，並將其作為得救的一個確據，因為不受管教的人「就是私子，不是兒子了」（來12:8）。

3. 謙卑接受他人的糾正

健康的教會成員不僅接受主的懲戒，還會謙卑接受他人的糾正。他們認識到，主經常通過教會的其他成員來糾正我們。這些聖徒十分關心人，不僅在順境中悉心給人鼓勵，也在必要時直言不諱。健康的教會成員認同《箴言》27章5至6節：「當

面的責備，強如背地的愛情。朋友加的傷痕出於忠誠。」

許多認真對待教會成員制的教會，會請新會員回顧和支持教會盟約，有的教會會讓成員在盟約上簽名。教會盟約是一份文件，簡要總結了教會成員在神面前向教會其他成員作出的承諾，即按聖經的教導活出基督信仰。

在一份典型的教會盟約中，我喜歡下面這句話，它談到了接受他人的愛與糾正這一要點：

> 我們會以肢體之愛攜手並進，彼此關懷、彼此看顧、彼此守望、彼此擔當、彼此體恤，也在有需要時彼此勸誡和勉勵。[5]

「愚妄人藐視智慧和訓誨」（箴1:7），但接受別人愛的教誨和責備，是教會成員敬虔、成熟和健康的生命特徵。

4. 認真肩負勸誡他人的責任

讓人渴慕從神而來的紀律管教，第四種方法就是認真肩負自己在這方面對其他人的責任。典型的教會盟約中有一句話談到了這個責任：「我們將共同努力，維護本教會的敬拜、聖禮、紀律和教義，使教會忠心的福音事工得以繼續。」維護地方教會的紀律管教，是每一位教會成員的基本責任和特權。正

---

[5] 見本書附件：典型盟約示例。

因如此，面對人的拒絕悔改，一些經典章節如《馬太福音》18章、　《哥林多前書》第5章都是要會眾來做最後的決定和行動。⑥但是，糾正不僅是教會集體的事，它始於每個人主動地去愛、去挽回那些陷在罪裏的人。⑦

5. 不要忘記常常喜樂！

在思想教會的紀律管教時，很容易因著罪惡和失去一位肢體而難過憂傷。這種憂傷是恰當的（參見太5:4；林前5:2），但是從神話語的建造工作，到教會偶爾開除不悔改的成員，整個管教過程都應該帶著使人悔改的盼望和目的，而這會帶來喜樂和安慰（林後2:6）。我們要竭力讓弟兄姐妹重回真理（雅5:19-20），若能做到這一點，我們就會與天上的審判者一同喜樂。一個被罪欺騙和毀壞的人脫離罪惡殘酷的掌控，重新發現我們慈愛救主給予的自由和赦免，沒有什麼比這更讓人欣喜的了。作為一心要鞏固教會的健康教會成員，我們要以喜樂和信心參與教會的紀律管教，因我們知道，我們慈愛的父以仁慈和信實管教祂所愛的人。我們很高興看到，神在順服之人的生命裏親手動工，使人成長、悔改和生命重建。

---

⑥ 參見太 18:17；林前 5:4-5。

⑦ 例如參見太 18:15；加 6:1。

結語

如果只靠少數人負起責任，糾正和勸誡有需求的弟兄姊妹，那麼教會成員間的互相看顧便不太富有成效。如果教會成員不獻上自己、彼此服侍，不帶領小組或在小組裏教導神的話語，如果教會成員不願意相互認識，無法形成真正的團契，那麼積極的和糾正式的管教都無從談起。神的殿將缺乏健全的秩序，神的兒女不能得到很好的教導，教會的見證也會因人的不悔改和不歸正而受到玷污。

深入思考

與一群基督徒朋友和教會成員一起思考和探討本章中列出的問題。

延伸閱讀

• Adams, Jay. *Handbook on Church Discipline: A Right and Privilege of Every Church Member.* Grand Rapids, MI: Zondervan, 1974.

• Lauterbach, Mark. *The Transforming Community: The Practice of the Gospel in church Discipline.* Ross-shire, Christian Focus, 2003.

牧者閱讀

- 1Dagg, John L. *Manual of Church Order*. Harrisonburg, VA: Gano Books, 1990.

- Dever, Mark E. ed. *Polity: Biblical Argument on How to Conduct Church Life*. Washington, DC: 9Marks Ministries, 2001.

- Wills, Gregory. *Democratic Religion: Freedom, Authority, and church Discipline in the Baptist South, 1785-1900*. Oxford University Press, 2003.

- Wray, Daniel. *Biblical Church Discipline*. Edinburgh: Banner of Truth, 1978.

標誌八

健康的教會成員是靈命
不斷成長的門徒

健康的教會成員是靈命不斷成長的門徒。

地方教會的健康與教會成員的健康密不可分,而教會成員的健康與他的靈命成長及門徒身分也是密不可分的。

一、當基督徒不成長時

這只是我的猜測,不過情況可能是這樣的,即教會和基督徒面臨的最頑固的問題,是缺乏靈命持續的成長和缺乏門徒訓練上的長進。我們都認識這樣的基督徒,他們已經悔改認信,但在一段時間裏毫無長進。這種狀態有兩種呈現,一種是靈命上暫時的停滯或毫無突破,這種狀態是每個基督徒都會時不時經歷的,是一定要克服的。這是正常的,不應讓人過度擔憂。也許需要在日常安排上做點改變,或者轉換一下專注的焦點,但這問題還不是長期性的。

但有一種長期性的,在一段較長的時期內,人們察覺不

到明顯的成長。他們陷入了更糟糕的境況，不只是「被困住了」、要掙扎著獲得自由，而是陷入了靈命的沉睡狀態。如果他們已經沉睡了一段時間，那他們可能認為將來也不會有更多的成長，甚至認為跟隨基督是一件膚淺空洞的事。他們就不再盼望靈命成長了，驕傲可能會趁虛而入：「我的靈命已經成熟到了一定程度，實在沒有什麼成長的空間了」。

然而，這樣的想法恰恰是對我們敲響的警鐘！在崇尚個人和自我中心的精神世界裏，這樣的問題會長時間不被察覺、不被提起，也得不到糾正。

越來越認識基督、越來越活出基督的樣式，並且靈命逐漸成熟，這些都是基督徒該有的生命樣式。正如《希伯來書》教導我們說：「我們應當離開基督道理的開端，竭力進到完全的地步。」（來6:1）《希伯來書》的作者認為這些基督徒「本該作師傅」，不再吃為嬰孩準備的奶，而是吃為成人預備的乾糧（來5:11-13）。

就使徒保羅自己來說，他樹立了在靈命成長中保持謙卑的榜樣：

> 這不是說我已經得著了，已經完全了，我乃是竭力追求，或者可以得著基督耶穌所以得著我的。弟兄們，我不是以為自己已經得著了，我只有一件事，就是忘記背後，努力面前的，向著標竿直跑，要得神在基督耶穌裏從上面召我來得的獎賞。（腓

3:12-14）

然後他向讀者發出勸勉：「所以我們中間凡是完全人，總要存這樣的心。」（腓3:15）

基督徒應該不斷地成長、為成長而努力，並且期望靈命的不斷成長。這樣做的人是健康的教會成員。

二、靈命成長中的一些問題

僅僅提到基督徒應當渴望靈命成長、應當為之努力並且也經歷成長，這還遠遠不夠。為了讓基督徒以健康的方式成長，我們必須弄清楚什麼是成長、什麼不是。我們身處膚淺的文化之中，只強調外在表現而忽略內在實質。我們太容易滿足於看起來成熟，而不是真正變成熟。

耶穌在《路加福音》18章裏的教導幫我們看到至少兩種態度會妨礙我們紮實成長和作主的門徒：

> 耶穌向那些仗著自己是義人，藐視別人的，設一個比喻，說：「有兩個人上殿裏去禱告：一個是法利賽人，一個是稅吏。法利賽人站著，自言自語地禱告說：『神啊，我感謝你，我不像別人勒索、不義、姦淫，也不像這個稅吏。我一個禮拜禁食兩

次，凡我所得的，都捐上十分之一。』那稅吏遠遠
地站著，連舉目望天也不敢，只捶著胸說：　『神
啊，開恩可憐我這個罪人！』我告訴你們：這人回
家去比那人倒算為義了。因為，凡自高的，必降為
卑；自卑的，必升為高。」　（路18:9-14）

這法利賽人的想法裏有三個問題，阻礙了他的靈命成長：

第一，注重外在行為。大多數運動專案中，運動員的表
現都是以數據來體現的：擊球率、投籃命中率、盜壘數、全壘
打、觸地得分、助攻次數等等。通常來講，一個運動員的價值
就是由這些數據來決定的。那些數據超級棒的運動員很有名，
被譽為「招牌球員」，並能得到各種獎勵。

我們對基督徒成長的看法，有時會受這種「呈現好數
據」模式的影響。注意看這個法利賽人如何對神講自己以及
自己所做的一切。他用可觀測的目標來衡量成長，一週禁食
兩次，獻上自己所得的十分之一。我們也會這麼做，強調自
己一週完成了多少次「靈修」，發了多少福音單張，或者多
久分享一次福音。如果我們以為靈命成長和作門徒就是要有
好行為和成功，那我們就陷入了注重外在行為的陷阱。當這
種情形發生時，我們就錯誤地把靈命成長、自身價值與我們
的「數據」捆綁在了一起。

第二，錯誤的判斷標準。談到靈命成長時，另一個經常
誤導基督徒的問題是與他人比較，以此來判斷我們的靈命狀

況。許多基督徒都是這種相對主義者。那個法利賽人在神面前驕傲地聲稱：「我不像別人勒索、不義、姦淫，也不像這個稅吏。」難以想像！在神面前下跪禱告的同時，論斷譴責身邊正在禱告的人。針對這個問題，愛德華茲在他的第八條立志中提到了一個更好的解決之道。他寫道：[1]

> 立定志願，在一切的言行上，總要表現得好像無人如我一樣卑下；又好像自己與別人犯了同樣的罪，或者有同樣的軟弱與失敗；我見別人失敗，必須不感到別的、只感到慚愧，以之作為自己向神悔罪的機會。

如果我們盯在別人身上，想以此在神面前為自己辯護，或「高舉自己」為「信心偉人」，那我們不僅沒有該有的成長，還是在欺哄自己，認為自己比自己真實的狀況好。神肯定會讓我們謙卑下來，所以最好還是自己謙卑下來，信靠神的恩典，而不是因驕傲而被神阻擋（雅4:6；彼前5:5）。

第三，依靠個人的能力或努力來成長。這是那位法利賽人的另一個錯誤，在他看來，他在神面前應當受到的表彰都歸功於他自己的努力和能力，但是自我努力不是靈命成長的

---

[1] *The Works of Jonathan Edwards*, Vol. 1 (Peabody, MA: Hendrickson, 1998), lxii.

真正原因。《希伯來書》的作者呼籲讀者「應當離開基督道理的開端，竭力進到完全的地步」之後，又加上一句「神若許我們，我們必如此行」（來6:1、3）。聖經告訴我們，我們在作門徒和靈命成熟方面的長進依賴於神的恩典和旨意，而不是我們自己的能力和努力。這也是為什麼使徒保羅為基督徒的成長而稱頌神（帖後1:3），並為他們能繼續成長而向神禱告（帖前3:11；西1:10）。神吩咐我們要不斷成長並培養成熟和敬虔（如彼後1:5-8，3:18），然而我們要努力操練如何以信心依靠神，依靠神來成長。

所以，合乎聖經的成長不應該與外在行為混淆，也不應該以他人為評判標準，歸根結底也不是取決於我們自己的努力和成就。那麼究竟什麼是成長？健康的教會成員又該如何追求成長？

三、我們想看到的成長

健康的教會成員會關注自己個人的成長，也會關注其所屬教會其他成員的成長。正如狄馬可正確指出的：「努力提高基督徒的門訓和靈命成長，就是努力地歸榮耀給神，而不是歸給自己。神就是要讓世人這樣認識祂。」②既然對我們這些相信

---

② 《健康教會九標誌》（*Nine Marks of a Healthy Church*），狄馬可（Mark Dever）著，美國麥種傳道會出版。

的人來說，神的榮耀應該是我們生活中最重要的事，那麼我們就應當時刻關注靈命的成長。

一些經文為我們概括了健康的教會成員應當期待在自己和別人身上看到的成長。比如《加拉太書》5章22節到25節為我們列出了聖靈的果子，這些是聖靈動工作成的美德與品格的證據，代表著那些依靠聖靈而活，而不是倚靠自己的能力和罪性而活的人。我們「要在我們主救主耶穌基督的恩典和知識上有長進」（彼後3:18）。

《以弗所書》4章11節到13節提醒我們，主把有恩賜的人賜給教會，為要「建立基督的身體，直等到我們眾人在真道上同歸於一，認識神的兒子，得以長大成人，滿有基督長成的身量。」

我們可以用「敬虔」或「聖潔」來概括所有這些畫面和勸勉。我們期待看到的成長不是外在的、膚淺的成長，而是在「敬虔」或「聖潔」方面的成長，是「滿有基督長成的身量」的成長。一個正在成長的教會成員，會在心態、思想、言行舉止上都越來越有基督的樣式。我們盼望自己這樣，也盼望我們的教會這樣。

四、成長為基督的樣式

健康的教會成員如何能有這種成長？以下是在生活中不斷培養敬虔或聖潔的一些建議。

1. 住在基督裏

耶穌說：

> 「我是葡萄樹，你們是枝子；常在我裏面的，我
> 也常在他裏面，這人就多結果子；因為離了我，你們
> 就不能作什麼。人若不常在我裏面，就像枝子丟在外
> 面枯乾，人拾起來，扔在火裏燒了。你們若常在我裏
> 面，我的話也常在你們裏面；凡你們所願意的，祈求
> 就給你們成就。你們多結果子，我父就因此得榮耀，
> 你們也就是我的門徒了。」　（約15:5-8）

在聖潔上成長的關鍵是要常在真葡萄樹上，就是常在基督
耶穌裏。常在基督裏並結出果子來，「完全是堅持倚靠這棵真
葡萄樹的結果，是由信心驅動的，是對合乎信徒身分一切生活
的擁抱，也是他見證的產物。」[3]門徒能多結果子，是因為主
的話常在他們裏面。「這些話如此根植在基督門徒的心思意念
裏，以至於與主合一、服侍主成了這世上最自然（超自然？）
的一件事。」[4]住在基督裏、常在祂的話語中，是基督徒正確

---

[3] Don Carson, *The Gospel of John: An Introduction and Commentary, Pillar New Testament Commentary Series* (Grand Rapids, MI: Eerdmans, 1991), 517頁。中文版參考《約翰福音注釋》，由麥種傳道會出版。

[4] 同上。

作主門徒和成長的根本。

2. 使用普通的蒙恩之道

很多基督徒認為，靈命成長一定要有不同尋常或「突破性」的經歷。對他們來說，是「奇妙的事」帶來了成長，但我們剛剛在《約翰福音》第15章看到，其實是普通的蒙恩之道促成靈命成長和成熟。事實上，轟動和異乎尋常的事有可能、也的確常常引人誤入歧途，但神的話語被正確教導和被正確領受絕不會。「普通的蒙恩之道」包括研讀神的話語、與弟兄姊妹一起參加洗禮和聖餐，以及禱告。這是基督徒生活中宣告、彰顯和運用神恩典的途徑。通過神的話語，基督被彰顯、得榮耀，我們也是通過聖經清楚無誤地「知道基督」。洗禮和聖餐呈現基督為拯救我們而受死、埋葬和復活，讓我們明白基督和福音。

健康的基督徒不會忽視這些聖禮和蒙恩之道，而是以它們為喜樂，為它們作好預備，並且通過感受我們主基督的榮耀不斷地想起它們。他記得，神的恩典「教導我們除去不敬虔的心和世俗的情慾，在今世自守、公義、敬虔度日」（多2:11-12）。健康的基督徒會越來越依靠神的恩典，因為神的恩典是藉著神的話語和聖禮傳達出來的。

3. 加入地方教會

《希伯來書》10章25節教導我們不可停止聚會。在等候主耶穌再來的時候，我們需要常常聚會、互相勉勵支持。聚會是

為了基督徒得教導和被建造，是為了促進基督徒的生命成長。缺席教會的團契生活，或者不積極參與服侍和接受服侍，這毫無疑問會阻礙我們的成長。《以弗所書》4章11節到16節提供了一個相當有力的論點，即加入基督的身體是基督堅固我們、使我們變成熟的主要方式。當我們在教會中彼此服侍、互相包容、彼此相愛、彼此糾正和相互鼓勵時，就加入了「靈命成熟合作社」。在那裏我們得到加倍的儲備和供應，從而收穫成長，並成為主的門徒。

4. 盼望耶穌的再來

最後，我們要在聖潔上成長，就要默想和盼望耶穌的再來。新約聖經提到耶穌的再來，大部分與聖潔和潔淨的勸勉相關。比如在《馬太福音》25章中，耶穌將自己的第二次再來教導給門徒後，做了一個簡單的總結，勸勉人要「做好準備」、等候祂再來，同時要活出基督徒該有的生活。《馬太福音》25章跟著列舉了3個比喻，都是勸勉聽眾要時刻警醒忠心，直到祂再來。主教導說，我們應當時刻默想祂的再來，以此來保守我們的生活，並使我們在靈命上有所長進。

《提多書》2章13節14節提到「等候所盼望的福，並等候至大的神和我們救主耶穌基督的榮耀顯現」，並這樣解釋了耶穌的使命：「他為我們捨了自己，要贖我們脫離一切罪惡，又潔淨我們，特作自己的子民，熱心為善。」換言之，我們要仰望十字架和基督的再來，並牢記基督已經完成了對我們的救贖

和潔淨，使我們熱心行善。

使徒約翰在他的一封書信中提到了相似的觀點，他寫道：

> 親愛的弟兄啊，我們現在是神的兒女，將來如
> 何，還未顯明；但我們知道，主若顯現，我們必要
> 像他，因為必得見他的真體。凡向他有這指望的，
> 就潔淨自己，像他潔淨一樣。　（約壹3:2-3）

我們渴望與耶穌同在，渴望見耶穌的面，這會使我們越來越
像耶穌一樣聖潔。盼望基督的再來會使健康的教會成員成長。

結語

健康的教會成員是不斷成長的教會成員。具體來說，會在
基督的樣式、聖潔和成熟方面不斷地長進。這種成熟和聖潔上
的長進要依靠基督、依靠祂的話語和地方教會中的其他人。最
奇妙的是，我們會一直成長，直到我們滿有基督長成的身量！

深入思考

1. 你是否一直用一些錯誤的方式來衡量和思考成長？如
果有，這些錯誤的方式是什麼？你的哪些思想需要改變？在這

個問題上，你的小組成員給了你哪些意見？

　　2. 與基督徒朋友和教會成員一起討論，你們最近是通過什麼途徑成長的？靠著神的恩典，你們用什麼方法培養聖潔的渴慕和習慣？

　　3. 目前你最需要的靈命成長計劃是什麼？如何付諸行動？

延伸閱讀

・ Bridges, Jerry. *The Pursuit of Holiness*. Colorado Springs, CO: NavPress, 1978.[5]

・ Ferguson, Sinclair B. *The Christian Life: A Doctrinal Introduction*. Edinburgh: Banner of Truth, 1981.[6]

・ Piper, John. *Don't Waste Your Life*. Wheaton, IL: Crossway Books, 2003.[7]

・ Sproul, R. C. *Knowing Scripture*. Downers Grove, IL: InterVarsity, 1977.

・ Tripp, Paul David. *Instruments in the Redeemer's Hands: People in Needof Change Helping People in Need of Change*. Phillipsburg, NJ: P&R, 2002.[8]

---

[5] 中文版參考《聖潔讓你想得不一樣》，校園書房 2006年出版。

[6] 中文版參考《磐石之上》，改革宗翻譯社出版。

[7] 中文版參考《活出熱情》，美國麥種傳道會 1995年版。

[8] 中文版參考《改變生命改變心》，天恩出版社。

標誌九

健康的教會成員是謙卑的跟隨者

　　一個地方教會的健康，可能會完全取決於教會成員對教會領袖的回應。會眾如何接受或拒絕教會領袖，會對忠心的侍奉和教會的健康有直接的影響。會眾渴慕和接受純正的講道嗎？在困難和前途未知的境況下，教會成員會繼續信任和跟隨領袖嗎？當計劃和想法失敗時，他們是團結一致給予支持，還是分裂教會的帶領？

　　歸根結底，通常是教會成員決定著地方教會的成敗。教會被造就或被分裂，與教會成員對教會領袖的態度和做法有很大的關係。

　　所以，想要認真定義何為健康的教會成員，就必須思考教會成員與教會領袖之間的互動。因此，神默示的話語提供了充分的教導，指示那些願意跟從教會領袖、為地方教會的健康做貢獻的會眾該有怎樣的態度和行為。

一、健康的教會成員對教會領袖該有的態度

　　談到跟從地方教會的領袖，至少有三種態度是健康教會成

員的特徵。

第一，尊榮長老。有幾處經文教導會眾要尊榮長老和會眾的領袖。比如《提摩太前書》5章17節告訴我們：「那善於管理教會的長老，當以為配受加倍的敬奉。那勞苦傳道教導人的，更當如此。」加倍的敬奉包括什麼？使徒保羅在接下來的經文中讓人注意兩件事。在第18節中，敬奉長老包括關心他們的財務和實際需要。尊榮領袖的會眾和成員為教會領袖，特別是全時間服侍教會的人提供適當和充足的工資。

在第19節，使徒指出尊榮領袖包括保護他們的名譽。「控告長老的呈子，非有兩三個見證就不要收。」使徒比任何人都明白，教會的服侍多麼容易受到來自教會內外的控告、批評和抱怨。健康的教會成員會幫助牧者免受毫無根據的明槍暗箭。流言和誹謗會止步於健康的教會成員，這些人拒絕聽信不造就人和未經證實的事情。

健康的教會成員尊榮長老的職分。他們非常尊重這個職分，為此充滿感恩並且尊重服侍神百姓的長老。我們尊敬我們的牧師，因為在我們主的日子我們要以他們為誇口（林後1:14）。

第二，向帶領者顯出坦誠的愛。教會成員對長老的尊榮和尊敬，並不是士兵對指揮官那種保持距離和官方的尊敬。對牧者的尊榮，要加上坦誠的愛。保羅再三呼籲哥林多教會把他看作在靈裏照顧他們的人，並向他敞開心扉：

> 哥林多人哪，我們向你們口是張開的，心是寬
> 宏的。你們狹窄，原不在乎我們，是在乎自己的心
> 腸狹窄。你們也要照樣用寬宏的心報答我。我這話
> 正像對自己的孩子說的。　（林後6:11-13）

牧師和會眾之間應該有甜蜜的情感交流。隨著他們一起生活、成長和做工，他們的心越來越向彼此敞開。一個健康的教會成員不會向牧者「保留」情感，而是自由大方地向牧者敞開心扉。

一個健康的教會成員，不願意他們的牧師像使徒呼籲哥林多人那樣對他們說：「你們要心地寬大收納我們。我們未曾虧負誰，未曾敗壞誰，未曾佔誰的便宜。我說這話，不是要定你們的罪。我已經說過，你們常在我們心裏，情願與你們同生同死。」（林後7:2-3）

一個健康的教會成員首先是把自己獻給主，然後把自己託付給主的工人，知道這是神的旨意（林後8:5）。這樣的教會成員會知道，忠心的牧師會在愛中為基督的身體盡心竭力。如果牧師問：「難道我越發愛你們，就越發少得你們的愛嗎？」（林後12:15）他們會感到羞愧。得不到回報的愛比較適合莎士比亞的悲劇，但不適合地方教會。我們對牧者的喜悅和愛應該使他們的心「在基督裏得暢快」（門20）。

第三，受教。健康的教會成員也應該有受教的靈。受教的靈表明謙卑的心和渴望在基督裏成長。沒有受教的心，人會硬著頸項，變得不可救藥。

教會領袖的工作可歸結為一項任務：教導。如果一個教會成員或相當一部分會眾不受教，那牧師的工作就會變成重擔，甚至無法進行，因為這是在最重要的一點上阻攔他。保羅寫信給提摩太，給牧師提供了極好的教導，當中也包含對成員的良好教導。他講到長老的角色，寫道：

> 然而主的僕人不可爭競；只要溫溫和和地待眾人，善於教導，存心忍耐，用溫柔勸戒那抵擋的人，或者神給他們悔改的心，可以明白真道，叫他們這已經被魔鬼任意擄去的，可以醒悟，脫離他的網羅。（提後2:24-26）

這段經文中有幾點很有用，值得教會成員留意。第一，牧師的教導應當是溫柔、溫和的，並且是為了我們的益處。面對這種從神而來的帶領，我們不應該以罪性回應，而是應該接受牧師的教導，悔改轉向神。一個健康的教會成員不會把牧師敬虔的溫和當作牧師的軟弱，而是把這個當作省察自己內心的機會，看看有哪些方面需要悔改。第二，我們應該認識到，牧師教導我們的時候，我們太容易「抵擋」他。作為日常屬靈生活的一部分，我們應該自問：「我有在某些方面抵擋牧師的教導嗎？」第三，一旦發現有一絲一毫抵擋牧師教導的酵，就應該禱告，求神賜給我們對真理的認識和清晰的思想，求神保守我們脫離魔鬼的詭計。為我們的靈魂守望的牧師是要向神交賬的

人，我們應該歡喜地信任和接受他們的帶領，因為這是神為著我們永恒的益處而賜給我們的禮物。要受教。

二、健康的教會成員應該為教會領袖做什麼

除了這些基本的態度和性情，為了更有效地跟從地方教會的領袖，一個健康的教會成員還要採取一些具體的行動。

1. 耐心參與教會領袖的選舉

教會若已經建立了會眾制，那會眾做的最重要的決定，可能就是選舉教會領袖了。藉著選舉教會領袖，會眾確定了教會的屬靈基調和方向，有時這會幾代相傳。可能這就是為什麼使徒們教導初期教會要重視領袖的屬靈品質和成熟度（徒6:1-6；提前3）。會眾當以耐心和禱告的心來深思熟慮選舉領袖。「給人行按手的禮，不可急促」是使徒對提摩太的教導（提前5:22a）。第一批執事要「被聖靈充滿，智慧充足」（徒6:3）。辨認出哪些人具備這些品質，需要禱告、觀察和耐心。神的教會要健康，教會成員就必須尋求和委任聖靈充滿、在基督裏成熟的人作教會領袖。

健康的教會成員不會忽視這項基本工作的重要性。為了更好地瞭解未來的教會領袖，成員們可以邀請領袖和他的家人一起吃飯。他們想更多地聽他的見證，瞭解他作為領袖服侍的心

願，以及他之前在其他教會的服侍。為了讓教會成員能這樣參與，一些教會在提名領袖和教會成員實際投票選舉之間，預留兩個月的時間。

2. 依從和順服教會領袖

　　以禱告的心和耐心來確定未來的教會領袖，有一個很好的理由：健康的教會成員必須依從和順服他們的教會領袖。「依從」和「順服」不僅僅在婚禮上聽起來「刺耳」，對很多教會成員來說也是如此，然而聖經說得再清楚不過：「要依從那些引導你們的，且要順服。」（來13:17）我們的順服可以讓領袖的服侍充滿喜樂，而不是成為重擔。我們的順服也對我們有益處，因為我們讓人來作領袖，卻不順服他們，這對我們沒有好處。一個健康的教會成員會約束自己，讓自己服在教會領袖的帶領之下，就像一名士兵忠於本位，順服部隊的將領一樣。我們要喜樂、熱心、完全地順服教會領袖，為了我們的益處、他們的益處和教會的益處。

3. 以教會領袖為榜樣

　　主在教會中設立領袖的一個原因，是在信實和敬虔生活方面為會眾樹立一個活生生的榜樣。我們的領袖是跟隨耶穌的「活生生的畫面」，他們被呼召在凡事上做榜樣（提前4:12；彼前5:3）。這就是為什麼使徒保羅說：「弟兄們，你們要一同效法我，也當留意看那些照我們榜樣行的人。」（腓3:17）

一個健康的教會成員會效法他們教會長老的敬虔生活。我們要帶著越來越像基督的盼望來效法教會領袖的榜樣。

今天對許多人來說，這種效法的觀念聽起來很狂熱。現今有太多的個人崇拜，人們喜歡模仿名牧一切的言行。我們對這種不符合聖經的樹立榜樣和師徒制表示擔憂，這種擔憂是很正確的。聖經所描繪的效法牧師是通過行善（多2:7），「在言語、行為、愛心、信心、清潔上」活出真正的敬虔來（提前4:12）。牧師被神呼召作這樣的模範，而健康的教會成員應當有智慧地效法他們的聖潔。

4. 為教會領袖禱告

教會領袖必須要做和面對很多事，為他們禱告是最重要的。使徒保羅也明白，自己需要聖徒們忠心的禱告：

> 你們要恆切禱告，在此警醒感恩；也要為我們禱告，求神給我們開傳道的門，能以講基督的奧祕（我為此被捆鎖），叫我按著所該說的話將這奧祕發明出來。（西4:2-4，也見弗6:19-20）

我們應該為領袖禱告，使他們能夠放膽、清晰和持久地傳講福音，並使他們有宣揚基督的機會。健康的教會成員會熱心迫切地為教會領袖禱告。他們聽從耶穌的教導，為了自己牧者的益處常常禱告，並不灰心（路18:1）。

在我們這個地方教會，一群忠心的信徒在每週二晚上一起為教會領袖禱告。他們每週徵集代禱事項，並更新之前代禱事項的近況。他們會一起為長老個人、公開和侍奉的生活禱告。通過他們的禱告，神已經在我們教會結出了許多果子。

5. 支持牧師的外出侍奉和與其他領袖的團契

健康的教會成員該為教會領袖做的事情中，這個最容易被忽視。在教會成員中有很大的傾向，就是把他們的牧師佔為己有，「他是我們的牧師」。這種傾向有積極的方面，比如它顯示出會眾和牧者之間的親近。

但是如果會眾拒絕支持牧師參與本教會之外的事工，那這種佔有就會變成自私。在這自私中，**最容易受傷的就是牧師本人**。離開其他教會同為牧師和教會領袖的激勵和更新，他可能會在葡萄樹上枯幹萎縮。健康的教會成員鼓勵牧師參與外面的會議和宣講，鼓勵他與其他教會領袖有團契，這就為教會領袖能在服侍中保持健康和有活力做出了貢獻。

聖經提供了教會互助的大量實例。《哥林多後書》9章13節表揚了一個地方教會對其他教會的慷慨。這種慷慨是在服侍中把牧者「借」給其他人，希望能擴展福音被傳講的地域（林後10:15-16）。健康的教會成員期待福音被廣傳，期待盡可能地幫助其他教會變健康。支持教會領袖的外出事工，就是成就這些期待的一種方式。

結語

地方教會的領袖是由神設立的，為要祝福祂的子民。為了使帶領更有效，就需要教會成員的鼓勵和支持。很多忠心的人因頑梗抵抗的成員而一敗塗地，但在神的百姓當中不應該有這樣的事。地方教會的健康成員應該努力鼓勵其他人敞開心，熱切和喜樂地順服跟隨他們的帶領者。

深入思考：

1. 思考《希伯來書》13章中對教會成員的教導。順服你所在教會的領袖，在哪方面給你帶來了益處和祝福？

2. 你可以在哪些方面具體地為你的教會領袖禱告？

3. 你可以怎樣鼓勵教會的其他成員，使他們對教會領袖跟隨基督和教導神的話語有更多的信任？

延伸閱讀

Mahaney, C. J. *Humility: True Greatness*. Wheaton, IL: Crossway, 2005.

Sande, Ken. *The Peacemaker: A Biblical Guide to Resolving Conflict*. Grand Rapids, MI: Baker Books, 2003.

標誌十

健康的教會成員是禱告的勇士

當我還是小男孩的時候，我們通常以打屁股的方式來慶祝夥伴們的生日，打一下代表一歲。結束的時候我們往往會多打一下，說：「這一下是讓你繼續長大」。為了保持一致，本書前九章的內容分別對應《健康教會九標誌》和《何謂健康教會》中的九個標誌，那麼這個第十章就是讓你繼續成長的那一下。

在我遇到的基督徒當中，沒有人否認禱告的重要性。大家都知道禱告不僅重要，還是基督徒生活的核心部分。基督徒努力想過基督徒生活卻不禱告，那真是不正常。

儘管禱告的重要性眾所周知，但對許多基督徒來說，禱告仍是一份苦差、一個沒有喜樂甚至有時毫無果效的責任。提及禱告，基督徒可能會徘徊在忽視和挫敗之間。

為什麼會這樣？為什麼有些健康的基督徒和教會成員也會覺得禱告是個困難的操練？

一、萬民禱告的殿

我們一想到教會應當是禱告的地方，禱告時的糾結就更令人不安。先知以賽亞曾預言必有一個時候，太監和外邦人被接納為神的兒女。以色列之外的外邦人要信守神的約，主應許這些外邦人說：

> 我必領他們到我的聖山，使他們在禱告我的殿中喜樂。他們的燔祭和平安祭，在我壇上必蒙悅納，因我的殿必稱為萬民禱告的殿。　（賽56:7）

當主耶穌「進了神的殿，趕出殿裏一切作買賣的人」時，祂引用了這應許，並重申神的殿不是為盜賊準備的，而是為禱告的民預備的（太21:13；可11:17）。

查考聖經為我們記載的初期教會的活動，我們會發現禱告是初期信徒全身心投入的核心事項之一。當他們聚集在樓上等候聖靈降臨時，他們「同心合意地恒切禱告」（徒1:14）。五旬節過後，神把得救的人數天天加給他們，那時基督教會最早的成員「獻身於」四件事：「遵守使徒的教訓，彼此交接、擘餅、祈禱」（徒2:42）。初期信徒對禱告的持守太強烈了，只能用「獻身」一詞來形容。

作為屬靈的操練，禱告非常重要，也只有為了禱告，夫妻才能暫停性生活（林前7:5）。如果基督徒夫妻臥室裏出現

的對話是：「現在不行，親愛的，讓我們來專心禱告吧」，而不是「現在不行，親愛的，我有點兒頭疼」，那基督徒在屬靈生命上會有何等的復興！所以從家庭到教會，禱告都是關鍵的。

二、什麼是禱告？

然而，僅僅指出禱告在初期教會中的重要性和核心地位，不能使我們成為禱告的勇士。另外我們也常常搞不清楚到底什麼是禱告。錯誤的觀念遍地都是，比如：

- 離了我們的禱告，神在世上什麼也做不了。
- 神是至高的主宰，祂已定好了萬事，何必要禱告？
- 神太忙了，沒有時間聽我的禱告。

從根源上說，絕大多數對禱告的誤解，源於沒有正確認識神的本性以及我們與神的關係。我們很容易把禱告看作以自我為中心的舞臺秀，我們的主張和需要是舞臺的中心，而神只是一個幫我們更換舞臺背景的工作人員。我們也容易走向另一個極端，認為神堅決移動所有的棋子，卻絲毫不在意祂的百姓在做什麼。

我們需要以福音為中心來理解禱告。神學家高偉勳有這樣

的詮釋：①

> 福音主要是關於聖子的作為。如何認識聖子，
> 會決定我們如何看待自己與通過聖經向我們說話的父
> 之間的關係。如何看待我們與父的關係，又反過來決
> 定了我們如何在禱告中以信心來到神面前。禱告不再
> 是情感旅行，不是本能地按下應急按鈕，也不是以為
> 神就應該看顧我們，禱告乃是我們進入神在天上的聖
> 所，而偉大的大祭司已經為我們開通了這條路。

因信福音，我們的身分從外人變成了神家裏的人，因著在
基督裏的信心，我們被收納為神的兒女。靠著因信耶穌而得的
兒子名分，我們可以作為神所救贖的兒女對他說話。「當神對
我們說話時，禱告是我們對祂的回應。」②神先是通過基督的
福音對我們說話，然後是通過聖經。

禱告不是「在不情願的神面前強調做什麼的理由」，③也
不是替代神，好像離了我們的禱告神就不能做什麼。基督是我
們的中保和大祭司，是承受萬有的那一位，我們因與基督聯合

---

① Gaeme Goldsworthy, *Prayer and the Knowledge of God: What the Whole Bible Teaches* (Downers Grove, IL: InterVarsity, 2003), 第 51 頁。

② 同上，第 16 頁。

③ 同上，第 35 頁。

而成為神的兒女，所以我們的禱告在父神面前得蒙全然的垂聽。我們是因在基督裏而來到神的面前，所以沒有什麼能攔阻我們的禱告，哪怕我們擔心會有阻攔。藉著「福音和神命定的結局」，我們祈求神對萬有的心意得以成就，從而「參與到神對這世界的計畫當中」。④禱告是「想神之所想」，這樣的想法總會被垂聽和回應。

三、我們當如何禱告？何時禱告？

以禱告為主題的書不勝枚舉，其中不少開出了如何禱告的良方，也有一些書詳細考究了聖經中的人物和教會歷史上偉大聖徒的禱告生活。既然有這麼多關於禱告的書籍，也知道自己在禱告方面還需要很大的進步，我就猶豫要不要提出建議供人參考。但神是憐憫與慈愛的，已經告訴我們當如何禱告、何時禱告。

這兩個問題歸納為兩個聖經教導：恒切禱告、在聖靈中禱告。

1. 恒切禱告

使徒保羅在書信中常常鼓勵教會要恒切禱告。他勸勉帖

---

④ 同上，60-61頁。

撒羅尼迦教會的信徒「要不住地禱告」（帖前5:17）。保羅寫信告訴住在羅馬的基督徒「禱告要恆切」（羅12:12）。對歌羅西教會，他則寫道：「你們要恆切禱告，在此警醒感恩。」（西4:2）歌羅西人可以以此立定心志，「求在上面的事，那裏有基督坐在神的右邊」（西3:1-2）。作為例子，保羅讚許以巴弗「在禱告之間，常為你們竭力地祈求」（西4:12）。面對基督徒生活中的試探、危險和需要，健康的教會成員會聽從神關於恆切禱告的命令。

2. 在聖靈裏禱告

健康的教會成員不僅恆切禱告，還在聖靈裏禱告。不同的基督徒團體對「在聖靈裏禱告」有不同的理解，在此問題上也有很大的混亂，但保羅寫給羅馬教會的信再次幫了我們，他寫道：「況且，我們的軟弱有聖靈幫助，我們本不曉得當怎樣禱告，只是聖靈親自用說不出來的歎息替我們禱告。鑒察人心的，曉得聖靈的意思，因為聖靈照著神的旨意替聖徒祈求。」（羅8:26-27）

對像《羅馬書》8章26節27節這樣的經文作過多的推測，不幸的結果就是，一些極好的鼓勵和清晰的要點被忽略了。這裏有個很好的教導鼓勵我們禱告，請留意「我們的軟弱有聖靈幫助」。我們提到過，禱告是基督徒容易軟弱的一個方面，而聖靈能在這方面幫助我們，簡直太好了。是不是有時不知道如何禱告？聖靈親自替我們祈求。是不是盼望自己能完全明白神

的旨意，好按著神的旨意祈求？聖靈正是「照著神的旨意」為我們祈求。

這一切都是我們理解「在聖靈裏禱告」的一個關鍵線索。在聖靈裏禱告就是受聖靈掌管的禱告；受聖靈掌管的禱告就是合乎神旨意的禱告。如果我們照著神在祂話語中顯明的旨意禱告，我們就是在聖靈裏禱告。對每一個從聖靈而生、得著神兒女名分的人來說，這種禱告是與生俱來的權利（羅8:14-17）；對基督徒來說，這種禱告是我們爭戰時的武器（弗6:18）。

四、我們應當為何事何人禱告？

如《羅馬書》8章26節27節所說，聖靈在禱告上扶持我們的一個方式就是，當我們不知道如何禱告時，祂會親自為我們代求。另外主也指示我們，當為何事禱告。

1. 為工人和牧者禱告

《馬太福音》為我們記載了一個例子，耶穌看見許多的以色列民就憐憫他們，因為他們困苦流離，「如同羊沒有牧人一般」。耶穌立即教導門徒要「求莊稼的主，打發工人出去收他的莊稼」（太9:36-38）。也許只有那些曾飽受教會沒有牧師之苦的基督徒，才會明白這個禱告是何等的緊迫。主的百姓需要牧人，健康的教會成員會祈求神差遣牧人到他們的教會，

和其他需要牧人的教會。他們不僅禱告求神差遣牧者和工人，也禱告求神幫助和堅固那些在危難、痛苦和軟弱中傳講神話語的人（腓1:19-20）；求神賜給牧者傳講福音的膽量（弗6:19-20）；並求神賜下良機使福音廣傳（西4:3-4）。

2. 為眾聖徒禱告

為其他基督徒禱告是愛和關心的有形表達（參見弗6:18）。基督信仰不是一項單人運動，禱告也不是走一趟「得來速」訂餐窗口，在那裏我們對著毫無生氣的麥克風喊一聲，等一會，然後拿到我們想吃的東西。基督徒的生活是家庭式的生活，我們的禱告要看重整個家庭，要看別人比自己強。其中一個具體的做法就是，如果教會有自己的教會成員名單，那就按這份名單經常為他們禱告。你可以每天為名單某一頁上的人或某個姓開頭的人禱告。另一種為眾聖徒禱告的方法，就是為那些鄰近的教會和你親友所在的教會禱告。我們每天與主相遇學習祂的話語時，我們可以求神讓祂的話語引導弟兄姊妹的生活，以此來愛他們。我們可以為他們的成聖禱告（帖前4:3）；為他們能抵擋試探、保持警醒禱告（太26:41）；為他們被聖靈充滿禱告（加5:16-25）。所有聖經對基督徒的期待，我們都可以為他們禱告。

3. 為掌權者禱告

年輕的牧者提摩太從他的導師使徒保羅那裏得到勸勉：

「我勸你第一要為萬人懇求、禱告、代求、祝謝，為君王和一切在位的，也該如此，使我們可以敬虔、端正、平安無事地度日。這是好的，在神我們救主面前可蒙悅納。」（提前2:1-3）神設立了生活中一切的權柄，從政府官員（羅13:1-2）到家中父母（弗6:1-3），神也定意祝福那些順服權柄的人，所以基督徒應當為掌權者禱告。健康的教會成員要在禱告中經常記念當政的官員、政府的工作人員、學校老師、工作中的領導、父母和其他有權柄的人。列一個這樣的名單，放在你的聖經或者禱告日誌中，這樣會比較有條理地提醒自己為掌權的人禱告。

4. 為辱罵和逼迫我們的人禱告

這是主的命令：「咒詛你們的，要為他祝福；淩辱你們的，要為他禱告。」（路6:28）為我們愛的人禱告，這很自然，即便不信的人也做這樣的「禱告」，但基督的愛催促我們為辱罵、毀謗和傷害我們的人禱告（太5:46-47）。令人驚奇的是，這樣的禱告見證了我們是神的兒女（太5:45），即使為義受迫害也滿有喜樂，因為基督應許我們要在祂的國裏得賞賜（太5:10-12）。我們不能像那個毫無憐憫的僕人，雖然被他的債主恩待，卻狠心地對待欠他債的人（太18:21-35）。出於肉體的血氣，我們不會愛那逼迫我們的人，也不會為他們禱告，但我們要與這血氣爭戰，轉而選擇身為神兒女當有的喜樂和公義，甚至為辱罵我們的人禱告。

結語

站在我們的父神面前，靠著祂的聖靈，在禱告中回應祂對我們說的話。我們基督徒靠著基督而得的特權中，還有比這個更奇妙的嗎？如果我們要成為聖經神學家、解經式聽道者並被福音充滿，我們就應當在禱告中帶著對基督所成就之事的確據，祈求神的福音和旨意被傳到地極。

深入思考

你有一個具體的禱告計劃嗎？回顧你現在的計劃，或者重新制訂一個禱告計劃，這個計劃要包括：

　　(1) 自己私下禱告和小組/公開禱告的次數；

　　(2) 禱告的時間和地點；

　　(3) 為之代禱的個人或群體；

　　(4) 福音和教會關心的事情；

　　(5) 聖經中能鼓勵和幫助你禱告的經文。

延伸閱讀

　　• Carson, D. A. *A Call to Spiritual Reformation: Priorities from Paul and His Prayers*. Grand Rapids, MI: Baker Books,

1992.⑤

　　• Goldsworthy, Graeme. *Prayer and the Knowledge of God: What the Whole Bible Teaches.* Downers Grove, IL: Intervarsity, 2003.

　　• Mack, Wayne A. *Reaching the Ear of God: Praying More ... and More Like Jesus.* Phillipsburg, NJ: P&R, 2004.

　　• Packer, J. I., and Carylyn Nystrom. *Praying: Finding Our way Through Duty to Delight.* Downers Grove, IL: InterVarsity, 2006.⑥

　　• Ryken, Philip Graham. *When You Pray: Making the Lord's Prayer Your Own.* Phillipsburg, NJ: P&R, 2000.

───────────

⑤ 中文版參考《保羅的禱告：靈命更新的呼召》，美國麥種傳道會 1994年出版。

⑥ 中文版參考《點燃禱告之火》，校園書房 2013年出版。

後 記

　　寫一本書對我而言既是祝福，也是榮幸。感謝九標誌事工和十字架之路出版社給我這個機會來寫這本書。我要特別感謝約拿單·李曼（Jonathan Leeman）和莉迪亞（Lydia Brownback）給予的幫助和指導，你們的給予無法以金錢來衡量。感謝與我在大開曼群島第一浸信會一同為福音勞苦的同工們，那裏的會眾、工作人員和領袖們都鼓勵我不斷地依靠神，也為本書內容提供了榜樣。克莉斯蒂是我的好妻子和好助手，神把她給予我是我不配的，如果沒有她，我的辛勞就不會那麼富有成效、充滿喜樂和冒險，為此我深深地感謝神。在我寫書期間，神給了我恩典和指導，這本書裏一切有價值的內容都來自於神，不是我，所有的不足則是出於我的軟弱和虧欠。

　　當我反思自己作為基督徒、牧師和教會成員的軟弱時，我被提醒，可能有的軟弱會影響你閱讀此書。我特別想到兩點：

　　第一，很有可能你會讀這本書並評估你自己，卻完全忘了耶穌基督和十字架。也就是說，你可能讀這本書，然後想「要努力、要努力、要努力」，而不是「恩典、恩典、恩典」或者「信靠、信靠、信靠」。這本書的每一章都有可能成為你的自

我提升指南，使你依靠自我的努力、責任或苦差事。

書中的忠告不是要帶你脫離神在耶穌基督福音裏的恩典，本書不是要給你定罪、審判或實用的無神論。我禱告你以祈求的心閱讀此書，渴望教會的主喚醒每一個聖徒，使之以不尋常的方式參與侍奉。我禱告你會對真葡萄樹有更多的依靠，因為離了祂我們就不能做什麼。當我們愈發渴望成為主喜悅的樣式，我們對祂的依靠就愈深。無論主如何感動你將本書的建議付諸實踐，我都禱告求主使你在實踐的時候，更加認識和信靠基督的生命，這生命更在你裏面做工；也更加認識信靠聖靈，這聖靈給基督徒得救的印記，也使他們有能力行善。

第二，很有可能你以個人主義來讀這本書。可能你讀完本書，心裏想著「讓我自己做吧」。當然，我們都有很多地方需要成長，直到耶穌再來之前，我們都需要憑著神的恩典不斷成長，但本書說的是教會，在一個特定地方的基督的身體。書中許多內容是關於你我在教會中的角色，但作為聚在一起的神的百姓，我們應當彼此相屬（羅12:5）。所以將本書付諸實踐的最佳方法，是在地方教會裏與其他肢體彼此幫助、支持和相愛。不要做一個「獨行俠式的基督徒」，不要目光短淺地只關心自己。要與愛主和愛教會的基督徒一起攜手同行，在主耶穌基督的恩典和知識上一起長進。

作家傑瑞‧布里奇（Jerry Bridges）回憶他早年基督徒生

涯時對地方教會的理解,這樣寫道:[1]

> 在很多年裏,我都是用個人主義來過基督徒生活。我關心自己屬靈生命的成長,自己在聖潔方面的進步、以及自己侍奉的技能。我禱告,求神使我在個人生活上更加聖潔,在傳福音上更加有果效;求神賜福給我的教會,賜福給我所工作的基督教機構。但當我越來越瞭解真正的團契,我開始禱告,求神使我們作為基督身體在聖潔上長進,更有效地見證基督拯救的恩典。不只是我需要成長,而是基督的整個身體需要成長。

我的盼望是,布里奇說的從「我」到「我們」的轉變,發生在更多神的百姓身上。我也禱告,求神使用這本書讓我們越來越愛基督的身體,並藉著我們這樣做使教會更有力量、更有生命力和更健康。

---

[1] Jerry Bridges, *The Crisis of Caring: Recovering the Meaning of True Fellowship* (Phillipsburg, NJ: P&R, 1985), 71-72頁。

附　錄

健康教會的典型盟約示例

我們相信，神的恩典已使我們悔改與相信主基督，並把自己交托給神。既已宣告了我們的認信，並奉父、子、聖靈的名受了洗，現在我們靠著神的恩典，莊嚴且滿懷喜樂地堅定我們彼此之間所立的約。

1. 我們會竭力藉著我們的生活和教義，彰顯神的榮耀，永遠以祂為樂。

2. 我們會竭力為聖靈所賜的合一而努力並禱告，用和平彼此聯絡，不輕易生氣惱恨對方，隨時願意盡一切努力達成和好。

3. 我們會以肢體之愛攜手並進，彼此關懷、彼此看顧、彼此守望、彼此擔當、彼此體恤，也在有需要時彼此勸誡和勉勵。

4. 我們會竭力使本教會在知識、聖潔、安慰及各樣增進其屬靈益處的事上不斷成長。

5. 我們不會停止或放棄聚會，也不會忽略為自己、家人和別人代禱。

6. 我們承諾會為肢體的快樂而歡欣，也會竭力帶著溫柔與同情承擔彼此的重擔與哀傷。

7. 我們將努力以我們的言語以及清潔仁愛的生活，忠心恒久地向家人和朋友傳福音作見證，以期使他們的靈魂得著拯救。

8. 我們會竭力謹慎在世上的日子，拒絕和抵擋不敬虔和屬世的各種私慾，交易公平、工作盡心盡責，行為舉止作他人的楷模，避免背後說閒話、謗謗他人以及不義的怒氣。

9. 我們會竭力把本教會合乎聖經的侍奉忠心進行到底。為此，我們將共同努力，維護本教會的敬拜、聖禮、紀律和教義，使教會忠心的福音事工得以繼續。我們會甘心樂意地定期奉獻金錢，用以支持教會事工的開支，周濟窮人，支持教牧，以及向萬國萬民廣傳福音。

10. 當我們遷居往外地時，我們將盡快加入另一個合乎聖經的地方教會，在那裏繼續實踐這約的精神。

為了達成這些目標，我們全心仰賴聖靈來幫助我們的軟弱，基督的中保之恩來潔除我們的瑕疵，父神永不止息的慈悲來憐憫保守我們。願主耶穌的恩惠、神的慈愛和聖靈的交通常與我們眾人同在。阿們！

經文索引

5:18	92	5:11–14	15
5:19	92	6:1	80，83
5:22a	95	6:3	83
		10:24–25	63，64
提摩太後書		10:25	87
2:14–17a	28	12:5–6	75
2:24–26	94	12:7	75
3:16	71	12:8	75
4:3–4	12	12:9–10	75
		12:11	70
提多書		13	99
1:5–9	61	13:17	61，96
2:11–12	87		
2:13–14	88	**雅各書**	
2:7	97	1:21	73
3:10	72	1:22–25	15
		3:18	64
腓利門書		4:6	83
20	93	5:19–20	77
希伯來書		**彼得前書**	
1:1	22	1:3–5	47
5:11–13	80	3:8	13

我們的使命：

　　九標誌事工存在的目的是用聖經視野和實用資源裝備教會領袖，進而通過健康的教會向世界彰顯神的榮耀。

　　為此，我們希望幫助教會在常常被忽略的，卻是健康教會當有的九個標誌上成長：

標誌一：解經式講道

標誌二：福音的教義

標誌三：基於聖經理解悔改歸信和傳福音

標誌四：合乎聖經的教會成員制

標誌五：合乎聖經的教會紀律

標誌六：基於聖經關注門訓和成長

標誌七：合乎聖經的教會帶領

標誌八：基於聖經理解和實踐禱告

標誌九：基於聖經理解和實踐宣教

　　在九標誌事工網站，我們會發佈文章、書評、電子期刊和圖書。我們同時也舉辦大會、訪談教會領袖並提供其他資源來裝備教會以彰顯神的榮耀。

　　您可以訪問我們的中文網站（https://tc.9marks.org/）獲取更多資源。

九標誌已經翻譯出版的 "建造健康教會" 系列書籍有：

《教會成員制》（*Church Membership*），約拿單·李曼（Jonathan Leeman）著，2014。

《解經式講道》（*Expositional Preaching*），大衛·赫爾姆（David Helm）著，2015。

《教會紀律》（*Church Discipline*），約拿單·李曼（Jonathan Leeman）著，2015。

《長老職分》（*Church Elders*），傑拉米·萊尼（Jeramie Rinne）著，2015。

《門徒訓練》（*Discipling*），狄馬可（Mark Dever）著，2017。

《福音佈道》（*Evangelism*），J. 史麥克（J. Mack Stiles）著，2018。

《福音》（*The Gospel*），雷·奧特倫（Ray Ortlund）著，2019。

《純正教義》（*Sound Doctrine*），鮑比·傑米森（Bobby Jamieson）著，2019。

《禱告》（*Prayer*），約翰·翁武切庫（John Onwuchekwa）著，2020。

《宣教》（*Missions*），安迪·詹森（Andy Johnson）著，2020。

九標誌已經翻譯出版的其他九標誌書籍有：

《健康的教會成員》（*What Is a Healthy Church Member?*），安泰博（Thabiti M. Anyabwile）著，2014。

《健康教會的九個標誌·學習手冊》（*Nine Marks of a Healthy Church Booklet*），狄馬可（Mark Dever）著，2014。

《神榮耀的彰顯：會眾制教會治理》（*A Display of God's Glory: Basics of Church Structure*），狄馬可（Mark Dever）著，2014。

《福音真義》（*What Is the Gospel?*），紀格睿（Greg Gilbert）著，2015。

《憑誰權柄：浸信會中的長老》（*By Whose Authority? Elders in Baptist Life*），狄馬可（Mark Dever）著，2015。

《何謂健康教會》（*What Is a Healthy Church?*），狄馬可（Mark Dever）著，2015。

《耶穌是誰》（*Who Is Jesus?*），紀格睿（Greg Gilbert）著，2016。

《福音信息與個人佈道》（*The Gospel and Personal Evangelism*），狄馬可（Mark Dever）著，2016。

《我真是基督徒嗎？》（*Am I Really a Christian?*），邁克·麥金利（Mike McKinley）著，2016。

《教會》（*The Church*），狄馬可（Mark Dever）著，2017。

《教會生活中的長老》（*Elders in the Life of the Church*），費爾·牛頓（Phil. A. Newton）與馬太·舒馬克（Matt Schmucker）合著，2017。

《迷人的共同體》（*The Compelling Community*），狄馬可（Mark Dever）與鄧潔明（Jamie Dunlop）合著，2018。

《牧師的輔導事工》（*The Pastor and Counseling*），傑裏米·皮埃爾（Jeremy Pierre）與迪帕克·瑞吉（Deepak Reju）合著，2018。

《尋找忠心的長老和執事》（*Finding Faithful Elders and Deacons*），安泰博（Thabiti M. Anyabwile）著，2018。

《為何相信聖經》（*Why Trust the Bible?*），紀格睿（Greg Gilbert）著，2018。

《以聖道為中心的教會》（*Word-Centered Church*），約拿單‧李曼（Jonathan Leeman）著，2019。

《什麼是教會的使命？》（*What Is the Mission of the Church?*），凱文‧德揚（Kevin DeYoung）與紀格睿（Greg Gilbert）合著，2019。

《艱難之地的教會》（*Church in Hard Places*），麥茨‧麥可尼（MezMcConnell）與邁克‧麥金利（Mike McKinley）合著，2019。

九標誌已經翻譯的合作夥伴書籍有：

《豎起你的耳朵來：實用聽道指南》（*Listen Up! A Practical Guide to Listening to Sermons*），克里斯托弗‧艾許（Christopher Ash）著，2015。

《以基督為中心的婚禮》（*A Christ-Centered Wedding: Rejoicing in the Gospel on Your Big Day*），凱瑟琳‧帕克斯（Catherine Parks）與琳達‧斯特羅德（Linda Strode）合著，2016。

《家庭敬拜》（*Family Worship*），唐‧惠特尼（Donald S. Whitney）著，2018。

其他機構出版的九標誌中文書籍有：

《健康教會九標誌》（*Nine Marks of a Healthy Church*），
狄馬可（Mark Dever）著，美國麥種傳道會，2009。

《深思熟慮的教會》（*The Deliberate Church*），狄馬可（Mark
Dever）與亞保羅（Paul Alexander）合著，美國麥種傳道會，
2011。

《聖經神學與教會生活》（*Biblical Theology in the Life of
the Church*），邁克・勞倫斯（Michael Lawrence）著，中華三一
出版有限公司，2018。

www.ingramcontent.com/pod-product-compliance
Lightning Source LLC
Chambersburg PA
CBHW031423120626
46545CB00006B/2242